残疾人游泳训练与竞赛研究

陈　平　主　编
王家超　副主编

北京体育大学出版社

策划编辑：秦德斌　仝杨杨
责任编辑：吴海燕　仝杨杨
责任校对：姜艳艳
版式设计：华泰联合

图书在版编目（CIP）数据

残疾人游泳训练与竞赛研究 / 陈平主编. -- 北京：北京体育大学出版社，2020.10
ISBN 978-7-5644-3183-9

Ⅰ. ①残… Ⅱ. ①陈… Ⅲ. ①残疾人体育－游泳－运动训练－研究②残疾人体育－游泳－运动竞赛－研究 Ⅳ. ①G861.1

中国版本图书馆CIP数据核字(2019)第130667号

残疾人游泳训练与竞赛研究　　陈平　主编

出版发行：北京体育大学出版社
地　　址：北京市海淀区农大南路 1 号院 2 号楼 B-421
邮　　编：100084
网　　址：http：//cbs.bsu.edu.cn
发 行 部：010-62989320
邮 购 部：北京体育大学出版社读者服务部 010-62989432
印　　刷：北京虎彩文化传播有限公司
开　　本：880 mm × 1230 mm　　1/16
成品尺寸：185 mm × 260 mm
印　　张：10.75
字　　数：216 千字
版　　次：2020 年 10 月第 1 版
印　　次：2020 年 10 月第 1 次印刷
定　　价：50. 00 元

前言

残疾人体育是一种特殊体育，参与主体是在听力、视力、智力、肢体等方面有缺损的残疾人运动员。残疾人体育的发展程度从一个侧面反映出一个国家的社会文明程度、经济发展水平以及综合的国民素质。残疾人由于自身的缺陷，不愿意与其他人交流，封闭自己的内心，不利于身体机能的恢复，而残疾人通过参与体育活动，促进身体机能恢复，增强平等参与意识，享受参与运动的权利，展现和提高自己的能力，使社会充分认识到残疾人的潜能，了解残疾人，帮助残疾人，形成和谐友爱、平等互助的社会风气，推动全社会的文明发展。残疾人体育是社会和谐的直观体现，发展残疾人体育事业是构建和谐社会的需要。

游泳是残疾人竞技体育的第二大项目。残疾人游泳运动具有积极的康复作用，残疾人通过游泳运动能够重建信心和克服身体障碍，不断突破自我，提高生活质量，最终融入社会，这种积极康复作用又推动残疾人游泳运动不断向前发展。

《残疾人游泳训练与竞赛研究》以残疾人游泳运动为出发点，共分为十章。第一章是中国残疾人游泳运动发展概述；第二章介绍了残疾人游泳运动的医学分级；第三章讲述了残疾人游泳运动员的科学选材，包括其理论依据、选材步骤和选材指标；第四章是残疾人竞技游泳技术原理，不同级别的肢体残疾运动员游泳时的身体特点和技术侧重点不同；第五章是残疾人游泳运动训练，介绍了其理论基础、原则、方法和手段；第六章侧重讲述了残疾人游泳运动体能训练；第七章是残疾人游泳运动心理训练，心理训练对残疾人运动员非常重要；第八章介绍了残疾人游泳运动医务监督；第九章介绍了残疾人游泳运动训练计划的制订；第十章介绍了残疾人游泳运动竞赛的裁判方法。

本书由陈平任主编，王家超任副主编。云南师范大学二级教授赵玲玲对本书进行多次审阅指导，提出许多宝贵意见。赵玲玲教授曾带领中国残疾人游泳队征战四届残奥会比赛，有着丰富的残疾人游泳训练经验。北京体育大学出版社对本书的编写、修改和出版给予了很大的关心和帮助，在此一并致以衷心的感谢。受水平所限，书中如有不妥之处，敬请广大读者提出宝贵意见。

目录

第一章 中国残疾人游泳运动发展概述

第一节 残疾人体育的起源与发展

残疾人体育是一种特殊体育，从我国残疾人体育起源来看，在《黄帝内经》中记载有残疾人通过一些治疗手段使身体康复的例子，这些手段主要有导引、推拿和按摩。还有一些残疾人通过五禽戏、八段锦、吐纳等方式进行练习，使瘫痪、残肢的肌肉萎缩情况得以改善的事例。现代国际残疾人体育，源自第一次世界大战后至第二次世界大战期间，一些因残酷战争而受伤致残的人员，为战胜自身残疾、重新融入社会，他们通过一些体育锻炼，使身体康复。战争给家庭带来的创伤让人们对残疾人士更加关爱，在一些知名而友善的人士的倡导和关爱下，越来越多的残疾人士通过体育锻炼使身体康复，进而更多地参与社会生活，形成了相当的规模，产生了较好的社会成效。在此影响下，社会也逐步开始关注这些特殊人群的体育，进而使残疾人体育在社会上逐渐得到重视。在英国，当时很有名的康复医学专家洛特维西，在面对脊髓损伤患者时，他采用保守治疗方式而非常规手术治疗方式来治疗病人，主要通过运动手段治疗脊髓损伤患者并取得巨大成功。在这种治疗手段基础上，他倡导下肢瘫痪的残疾人应当多运动来促进身体康复。为推动更多的残疾人参与运动，洛特维西提倡举办轮椅运动会。轮椅运动会得到了残疾人的广泛参与和社会各界的认可，为轮椅运动增加了强大的推动助力，轮椅运动得到迅速良好的发展，逐步成为残疾人的国际体育运动。随着战争的结束，其他的残疾人运动也在国际轮椅运动会的带动下不断扩大和发展，一系列残疾人国际比赛也相继出现，比较有影响力的残疾人国际比赛有国际轮椅运动会、残疾人奥林匹克运动会（以下简称“残奥会”）、特殊奥林匹克运动会（以下简称“特奥会”）、远东及南太平洋地区残疾人运动会等。

当前，残疾人体育事业得到迅猛发展，已成为世界各国展示精神文明成果、提高人权保障和显示文明程度的窗口，得到世界各国政府的认同和重视。各国为扩大自身国际影响力，积极发展各项残疾人体育运动；残疾人也能通过各种渠道，更广泛地参加各项体育运动，更好地融入社会生活。各类残疾人运动会的举办，也使残疾人运动员的竞技水平得以不断提高。各国积极参加、承办各类国际残疾人体育赛事，国际残疾人体育赛事制度也在各项赛事中得到不断完善，其中最有影响力的是四年一届的残奥会，已成为与国际奥林匹克运动会平行的最高水平的国际残疾人体育赛事。残疾人体育与健全人体育已逐步融合，在训练手段上出现了残疾人运动员与职业运动员共用训练场地、一起训练的良好态势。在体育经济上，各国加大了残疾人体育新材料的科技投入，应用高科技材料技术研发出各类轻捷的假肢、轮椅等残疾人用品，以高科技助力残疾人竞技水平的提高。由于各国政府的重视和市场的需要，还出现了大批从事残疾人体育事业的人员和企业，形成了相当规模的产业。从不同角度来看，当今残疾人体育影响力日渐增强，残疾人体育事业蒸蒸日上。

第二节 我国残疾人体育事业开展基本情况

一、我国残疾人组织基本情况

随着经济的腾飞，中国在国际舞台上扮演着越来越重要的角色，残疾人体育作为人权保障和文明建设的窗口，其事业的发展备受党和国家领导人的重视。我国作为人口大国，全国残疾人口基数也较大，中国残疾人联合会发布的 2010 年末我国残疾人口约为 8502 万人，其中重度残疾 2518 万人，中度和轻度残疾 5984 万人。

为丰富、活跃残疾人体育生活，让残疾人体育有序、健康发展，在党中央和各级党委政府的关心、扶持下，陆续成立了各类福利会、协会，让全国各地残疾人有服务、有代表、有管理。如中国盲人福利会、中国聋哑人福利会、中国盲人聋哑人协会、中国残疾人福利基金会、中国残疾人联合会、中国聋人体育协会、中国弱智人体育协会、中国残疾人体育协会等。

中国残疾人联合会于 1988 年 3 月 11 日在北京正式成立，简称“中国残联”。中国残联是在中国盲人聋哑人协会（1960 年成立）和中国残疾人福利基金会（1984 年成立）的基础上组建而成的，由中国各类残疾人代表和残疾人工作者组成，是残疾人自身的代表组织。

中国聋人体育协会成立于1985年，是国际聋人体育联合会的正式成员，是由各省、自治区、直辖市及计划单列市聋人体育组织自愿组成的非营利性群众体育社会团体，接受中国残疾人联合会、国家体育总局、民政部的业务指导和监督管理，是中国残疾人体育组织的重要组成部分。协会主要任务是：在积极开展的聋人体育活动中，促进聋人康复，增强其生活的勇气和信心，不断提高其技能水平为国家做出贡献，增进社会两个文明的建设。

中国弱智人体育协会于1985年6月17日在北京成立。它是在中华全国体育总会领导下的群众性体育组织。中国弱智人体育协会成立后，加入了国际特殊奥林匹克委员会。协会主要任务是：让智力残疾者通过体育锻炼得到最高等级的康复，缓解降低残疾程度，增强他们战胜困难的勇气和信心，组织智力残疾者参与特殊奥林匹克体育。

中国残疾人体育协会（对外称“中国残疾人奥林匹克委员会”）是代表肢残者、脑瘫者、脊髓损伤者和盲人的体育组织。1983年，中国伤残人体育协会成立。1991年7月26日，为与《中华人民共和国残疾人保障法》提法一致，中国伤残人体育协会更名为中国残疾人体育协会。协会主要任务是：认真执行国家工作的方针、政策、法律、法规，组织和指导残疾人体育活动；组织、管理和培训残疾人体育工作，有计划地部署和发展残疾人活动基地，多次承办全国单项和综合性残疾人体育赛事；组织各地残疾人参加国际残疾人体育赛事；加入国际残疾人奥林匹克委员会（以下简称“国际残奥委会”）、国际伤残人体育组织、国际脑瘫运动娱乐协会、国际盲人运动协会、国际轮椅和截肢运动联合会、远东及南太平洋地区残疾人运动会联合会等国际体育组织；加强与国际组织之间的合作交流，促进国际残疾人体育事业的有序发展。

二、我国残疾人体育法律、法规及文件

残疾人体育事业的发展有了国家有关部门制定和颁布的各类法律、法规和文件，就有了法治基础和法律保障，残疾人体育也可以走向规范化、制度化和法律化。

1982年，修改后的《中华人民共和国宪法》首次规定：“国家和社会帮助安排盲、聋、哑和其他有残疾的公民的劳动、生活和教育。”1990年，《中华人民共和国残疾人保障法》三十六条明确“国家和社会鼓励、帮助残疾人参加各种文化、体育、娱乐活动，努力满足残疾人精神文化生活的需要”，第三十七条明确“残疾人文化、体育、娱乐活动应当面向基层，融于社会公共文化生活，适应各类残疾人的不同特点和需要，使残疾人广泛参与”。1995年，《中华人民共和国体育法》第四十五条规定“公共体育设施应当向社会开放，方便群众开展体育活动，对学生、老年人、残疾人实行优惠办法，提高体育设施的利用率”。《全民健身计划纲要》第十四条规定“广泛开展残疾人体育健身活动，提高残疾人的身体素质和平等参与社会活动的能力。丰富残疾人体育健身方法，培养体

育骨干，提高残疾人体育运动水平”。

三、我国历届全国残疾人运动会开展情况

我国残疾人体育事业走出了一条与我国经济发展和残疾人事业发展相适应、符合我国残疾人体育发展规律、有特色的发展道路，取得了辉煌的成绩，积累了丰富的经验。这在历届全国残疾人运动会的开展上便能一探究竟。

在国家的关怀和重视下，我国已成功举办了十届全国残疾人运动会，我国残疾人体育的成长道路向法制化、制度化、规范化和国际化不断发展。

1984 年 10 月，第一届全国残疾人运动会在安徽省合肥市举行，全国有 30 个代表团参加，大赛设置 3 个大项：田径、游泳和乒乓球。这次大赛摸底检阅了我国残疾人运动的水平。

1987 年 8 月，第二届全国残疾人运动会在河北省唐山市举行，全国有 32 个代表团参加，这一届在原有项目上增设轮椅篮球项目，有 6 项世界纪录被打破。

1992 年 3 月，第三届全国残疾人运动会在广东省广州市举行，全国有 33 个代表团参加，大赛设置6个大项，其中射击和举重为增设项目。本届大赛有 27 项世界纪录被打破，同时，国务院审批通过全国残疾人运动会为四年举办一次的大型运动会，这标志着残疾人体育在我国开始朝着规范化和制度化迈进；同时也是《中华人民共和国残疾人保障法》颁布后实施的第一次大赛，标志着残疾人体育步入法制化轨道。

1996 年 5 月，第四届全国残疾人运动会在辽宁省大连市举行，全国有 34 个代表团参加，大赛设置 8 个大项。在本届赛会前，国家颁布实施了《中国残疾人事业“九五”计划纲要》《全民健身计划纲要》《中华人民共和国体育法》《奥运争光计划纲要》。

2000 年 5 月，第五届全国残疾人运动会在上海市举行，全国有 34 个代表团参加，大赛设置 11 个大项，本届大赛上智力残疾的运动员首次参加比赛。

2003 年 9 月，第六届全国残疾人运动会在江苏省的 3 个城市共同举办，充分体现了“平等、参与、共享”的主题，全国有 35 个代表团参加，大赛设置 14 个大项，与会总人数超 7000 人，破世界纪录 95 项。

2007 年 5 月，第七届全国残疾人运动会在云南省昆明市和玉溪市举行，全国有 35 个代表团参加，大赛设置 20 个大项，破世界纪录 91 项。

2011 年 10 月，第八届全国残疾人运动会在浙江省杭州市举行（游泳比赛在绍兴市举行），大赛设置 18 个大项，破世界纪录 65 项。

2015 年 10 月，第九届全国残疾人运动会在四川省成都市举行，全国有 35 个代表团参加，破 51 项世界纪录。

2019 年 8 月 25 日至 9 月 1 日，第十届全国残疾人运动会暨第七届特殊奥林匹克运

动会在天津市举行，这是我国首次与全运会同城举办的残运会暨特奥会，共有 35 个代表团参加，大赛设置 43 个大项，其中残运会 34 项、特奥会 9 项，首次在竞技体育比赛基础上大幅度增加冬季体育比赛项目和群众性比赛项目。

四、残疾人运动会的宗旨：参加比取胜更重要

在体育竞赛舞台上一次次看到残疾人参与竞赛，看到世界残疾人运动员的杰出表现，特别是中国残疾人运动员在世人面前展现出的艰苦卓绝和自强不息的民族精神，钦佩而关切的心情油然而生。中国残联前主席邓朴方先生对这些赛场健儿有这样的评价：残疾人在竞赛场上拼的是精神、毅力和血肉，他们获得的奖牌是“血染的奖牌”，这份成绩得之不易，需要倾注多于健全人的付出和突破自我。参与体育锻炼是残疾人改善自己生存状态的有效途径。关爱残疾人、扶残助残，让残疾人获得健全人的生活权利，这应是残疾人运动会的宗旨。邓朴方先生对残疾人体育的开展意义有精辟的阐述，他认为，残疾人参加体育活动超越了自身缺陷，通过意志、技能、体能的较量，向生命潜能挑战，这是对人的创造性和价值的集中展示。

时任国家领导人江泽民同志代表中央给残疾人题词中提到，面对残疾人这个特殊、困难的群体，全党和社会有责任给予他们特别扶持，让他们的公民权利和人格得到尊重，向着“平等、参与、共享”努力，这体现了社会主义制度的优越性和社会文明的进步。胡锦涛同志曾在 2008 年为鼓励出征残奥会的运动健儿亲手写下“自强不息奋勇争先”，饱含国家领导人对残疾人运动的高度重视，对残疾人的尊重、理解和支持，是对他们的精神勉励、人生关爱，更表达了党和政府践行帮助残疾人的责任，对推动残疾人事业发展、促进社会和谐、激发社会活力有重大的现实意义和深远的历史意义。

残疾人体育是残疾人事业的一部分，也是他们参与社会的有效途径。残疾人是社会中的弱势群体，他们往往丧失了劳动能力，甚至生活能力，经济、生活都要依赖家庭和社会的扶助。日本一位康复医学专家说过，残疾人体育运动不仅仅是为了比赛，它的主要目的是通过体育运动把残疾人从病房和家庭中解放出来，享受与健全人同等的待遇。这就是对残疾人体育最好的诠释。残疾人也可以为社会创造财富，做出应有的贡献。

我国各省、自治区、直辖市成立的各类、各级残疾人体育协会、福利会等，加入国际残疾人组织，给残疾人体育最强助力；全国残疾人运动会和世界不同级别残疾人比赛，让更多的运动员在赛场内外找到生活的勇气和信心，真正朝着与健全人同等待遇迈进。党和政府一直重视残疾人的福利事业，大力为残疾人解决康复、医疗、就业、就学和生活困难等问题，从立法层面上颁布了《中华人民共和国残疾人保障法》，并建立各级残疾人联合会等组织提供帮助，还通过发行福利彩票提供资金支持，发动全社会开展形式多样的助残活动，鼓励残疾人开展内容丰富的自强活动，使其积极参与各类残疾人体育

运动，帮助残疾人逐步融入社会。对于开展残疾人体育的目的和意义，中国残联强调：开展残疾人体育运动，不仅能够增强残疾人体质，改善和增强身体的机能，而且能让残疾人积极参与社会，增添生活情趣，陶冶情操，促进身心健康，扩大生活领域；同时，开展残疾人体育运动还可以通过意志和体能的较量，向生命的潜能挑战，展示人的创造力和价值。

从政府和社会角度，不应该用同一把尺子度量残疾人体育和高水平竞技体育，面对残疾人比赛不应用健全运动员的要求去对待他们，残疾人运动员更应被充分尊重、平等对待，让他们突破自我，爱护他们的积极性，以康复为原则，不用健康换取奖牌。尤其是在媒体的宣传中，对残疾人运动员的宣传更要注意区别对待，防止误导残疾人运动员。

参与竞赛的残疾人运动员全身心投入挑战，超越自我，发挥潜能，敢于拼搏，享受比赛参与重于取胜，亲身体验参与体育带来的快乐，展现“自强不息奋勇争先”的精神风貌，用比赛赢得尊重。残疾人运动会让更多残疾人接受、参与体育，唤起全社会对残疾人的关爱，促进残疾人与健全人平等互助，和谐共存，做到“超越、融合、共享”，让比赛促进残疾人奥林匹克运动发展，加强中国和其他国家的合作与友谊，实现“同一个世界，同一个梦想”，促进国际残疾人事业发展。健全人感到残疾人运动员不断超越人类极限的同时，更多的是看到他们创造生命的奇迹，如不能走动的重残选手在几年训练后可以走路，肢残部分身体功能在多年训练后恢复到新台阶等。残疾人运动员阳光开朗的笑容随时感染着别人，他们在命运安排面前不屈服，在赛场上勇于拼搏，这是对奥运精神最好的诠释，让人感动、钦佩。每个残疾人运动员在体育竞赛的舞台上都在创造新的自我，他们人人都是“第一名”。

第三节 我国残疾人竞技体育管理

竞技体育管理范围，上至国家的宏观调控，下至运动队内部的微观管理。而残疾人竞技体育的管理有其特殊性，需要在专门的管理体制下，通过专业的组织管理，才能得到切实有效的实施，才可能得到理想效果。鉴于残疾人运动员生理、心理的特殊性，在进行残疾人运动队的管理时更需注重心理教育与干预，在研究和运用管理方法时，必须充分考虑到他们的这些特点。“三分练，七分管”，管理对于日常训练来说是非常重要的。

管理是一门艺术，无论是时间管理还是运动员的心理管理，都需要优秀的管理人才，要有明确的队伍管理规定，对运动员奖惩分明。

一、我国残疾人竞技体育管理组织机构

（一）中国残疾人体育运动管理中心

中国残疾人体育运动管理中心是我国残疾人体育管理组织机构的核心，是目前全世界最大的残疾人体育管理机构，也是全国残疾人体育工作的组织管理运行的核心，它在行政上接受中国残联的直接管理，在业务上接受国家体育总局群体司的指导。中国残疾人体育运动管理中心还对各省、自治区、直辖市残联宣文处（体育中心）、训练基地具有业务指导职能，而对国家队则是直接领导和管理。

中国残疾人体育运动管理中心的主要职责是：组织开展残疾人体育活动；承担残疾人运动员的注册、分级等工作；承担国家残疾人体育综合训练基地的运行和管理工作；承担残疾人体育科研、反兴奋剂工作；承办残疾人体育训练、竞赛及培训任务。中国残疾人体育运动管理中心的设立预示着中国残疾人体育事业步入一个新的发展时期。

（二）各省（自治区、直辖市）残疾人体育指导中心

在党和政府的关心下，各省也纷纷成立不同规模的残疾人体育指导中心。以云南省残疾人体育指导中心为例。它是云南省残疾人联合会直属事业单位，机构规格为正处级，核定编制 10 人，内设办公室、竞训科、宣艺科 3 个科室，经费形式为财政全额拨款，其主要职责和任务是：贯彻《中华人民共和国体育法》《中共中央、国务院关于进一步加强和改进新时期体育工作的意见》《中共云南省委办公厅、云南省人民政府办公厅关于加强云南省残疾人宣传、文化及体育工作的通知》，发展云南省残疾人体育事业。

其具体职责如下。

（1）负责云南省残疾人体育运动的宏观管理、指导；动员、组织全省各类残疾人积极参加体育锻炼和康复健身等社会活动。

（2）负责云南省残疾人体育协会、云南省聋人体育协会、云南省智力残疾人体育协会秘书处工作。

（3）负责选拔、培养残疾人体育运动员；管理和培训残疾人体育教练、裁判员、医学分级人员队伍。

（4）负责收集残疾人体育运动的信息，进行残疾人体育科研，开展残疾人体育运动的国际交流；负责省残疾人体育赛事的资金募集工作和社会市场开发及服务性工作。

（5）负责云南省残疾人体育运动器材的统筹管理、采购及供应。

（6）负责云南省残疾人体育运动对内、对外宣传联络工作，组织协调残疾人体育运动宣传活动，配合重大残疾人体育活动做好宣传工作，指导云南省残疾人艺术工作，做好省相关部门的协调和联络工作。

（7）承办全国单项体育赛事；组织全省残疾人运动会及单项比赛，组团（队）参加全国残疾人运动会及单项比赛。

（8）承接、参与基地建设及负责管理云南省残疾人体育训练基地，承担中国残疾人联合会委托的国家残疾人训练基地管理、国家残疾人运动队集训等任务。

（9）承担云南省残联理事会交办的其他任务。

为完善我国残疾人体育训练的体系，还需加强以下几个方面的工作。

（1）政府与社会的支持是开展残疾人体育运动的前提和保证。由于开展残疾人体育运动对于各级政府均有重要的意义，各级政府和社会各界都对残疾人体育运动的发展给予了应有的关注，在资金投入、政策导向、物资保障、科学研究、系统训练条件等方面都给予了必要的支持，从而有力地促进了我国残疾人体育事业的蓬勃发展。

（2）充分发挥各级政府的引导职能，向社会各界多方筹措资金，为残疾人体育运动提供资金支持和物质保证，加大各级政府财政对残疾人体育事业拨款的力度，从根本上保证我国残疾人体育运动的训练经费；同时，在体育彩票和福利彩票的收益中，拿出一定资金提供给残疾人体育事业；建立和规范残疾人体育产业和体育市场，通过广告、赞助商、减免税费等方式筹措资金，为残疾人体育运动场馆的建设、残疾人体育科学研究、训练以及参加国际赛事提供经费保障，确保残疾人体育运动训练有计划、有步骤地协调发展。

（3）制定相关政策法规，为残疾人体育事业提供良好的环境。加强对残疾人体育运动事业的宣传力度，使我国的残疾人体育运动得到政府及全社会的广泛关注和帮助。制定相关的残疾人体育政策和法规，调动一切积极因素，为我国残疾人体育运动的蓬勃发展保驾护航。政策和法规要解决残疾人运动员的实际困难和后顾之忧，要能解决好国家与地方、上级与下级的关系，解决并疏通好人才输送的渠道，解决好教练的聘用和培训制度，解决好训练补助、获奖酬金、社会保险等各方面的问题。

二、残疾人游泳运动队的完善及管理

现代运动训练包括四个部分：一是科学选材，二是科学训练，三是科学管理，四是参加比赛。其中科学管理是现代运动训练系统工程中最重要的组成部分。以往的经验证明：一个运动员无论天赋多高，一个运动队无论拥有多少优秀选手、使用多少先进技术，如果缺乏严格科学系统的管理，那么整个训练过程，包括控制、处理、协调、指挥运动训练等全部活动，都不可能保证正常的运转。

（一）科学选材

选材是体育运动训练的重要基础。所谓选材，是通过科学的方法将被选者的运动才能和天赋因素测定出来，科学分析测试结果，预测其未来的竞技能力的选择方法。成功的选材在一定程度上意味着成功的训练。由于残疾人生理和心理的特殊性，其选材也具有特殊性。残疾人选材的范围有其相对的局限性，因此各地残联体育协会应在当地医院建立青少年或儿童残疾状况的档案，同时还要为中小学校及特殊教育学校中的残疾青少年和儿童建立档案，并以互联网的形式经常联络，了解他们的运动能力，通过定期或不定期的测试，力求早发现人才，多发现人才，以提高残疾人运动员的选材质量。

建立残疾人选材网络数据库是一项大型的多组织协调完成的工作。在以往残联的工作中，残疾人运动员的选材只是建立一个简单的登记册，只登记身体形态相关数据，例如肢残情况、致残原因与年龄、身高、体重、臂展、手长、腿长、脚长和身体情况细节等备注。

建立完善选材网络数据库是为了对运动员做一个纵向比较，在运动员成长成才的道路上具备研究意义。例如，建立较为完整的阶段性体能指标，如身体形态、生理机能、身体素质等相关数据的选材网络数据库。

（二）科学训练

目前我国残疾人体育训练的体制还不是很完善，上到国家、下到地方都是以参加比赛和完成比赛任务作为训练的目标，全国各地开展残疾人体育运动的情况参差不齐，致使残疾人体育运动训练的规模不大、随意性较强且经常间断，不能形成一个良好的体系和模式。这样，即便有了好的苗子，也大多挖掘不出最大的潜能，造成了极大的人才浪费。因此，有必要建立和完善残疾人体育训练的体系，以保证我国残疾人体育运动事业的健康可持续发展。

残疾人竞技体育都采用业余训练模式，残疾人运动员不像健全人运动员那样有专门的工作编制，各方面有保障。健全人运动队配备队医、营养师、详细分工的教练（主教练、体能教练、执行教练、运动伤病防治教练、技术教练、队内辅导员等）；残疾人运动队则简单得多，常常是一个教练需要负责运动员吃喝拉撒睡等日常生活问题，有时还要管心理问题。只有到了备战奥运会时，残疾人竞技体育才会形成较为完善的训练模式，配备队医、盲人按摩师、按摩器械、营养咨询师、心理咨询师、解压室等，确保科学训练。

（三）科学管理

1. 运动员队伍的建设

残疾人运动员的队伍建设要形成“金字塔”式的结构。国家首先要小范围地针对我国的优势项目组建国家队，也可把一些项目的国家队分别指派到各省、自治区、直辖市，以确保这些项目的优势。然后在此基础上有选择地扩充一些项目，逐渐扩大项目的范围。全国各地也要相应地建立运动员队伍，为国家队准备后备力量。全国各基层单位要做好发现人才和对青少年及儿童残疾人运动员进行启蒙教育和身体训练的工作。这样，我国的残疾人体育竞技水平才能得以巩固和提高。

在队伍建设上，为了不出现青黄不接现象，需要源源不断地注入新鲜血液，不断开展青少年残疾人运动员选材与集训，需要基层残联积极配合工作，推荐运动员。可以建立健全奖励与输送奖励机制，促进基层做好工作。除了在省一级开展队伍建设外，市一级也可以自己组织残疾人运动员的选材与集训，并通过省运会向上输送人才，做好队伍人才储备。

2. 教练队伍的建设

科学的训练需要科学的指导，科学的指导需要有优秀的教练队伍。目前我国残疾人游泳教练的现状是各个省市的优秀游泳教练到省队和国家队带队，这些教练都有自己的工作单位和工作编制。其他教练来自各游泳俱乐部，他们都因为热爱这项事业而培养和教授残疾人游泳运动员。教练从接触残疾人游泳运动员开始到教授他们，慢慢积累了很多经验、教学方法，也了解和掌握了残疾人游泳运动员的心理特点。

从目前我国的残疾人体育运动训练情况来看，我国还没有一支优秀的从事残疾人体育运动训练的专职教练队伍，这无疑给我国的残疾人体育训练带来许多困难。由于受生理、心理、比赛规则等方面的制约，残疾人运动训练的特点非常突出，这就需要有一批热爱残疾人体育事业、熟悉残疾人心理、了解残疾人生理特点、掌握残疾人训练方法和懂得残疾人比赛规则的教练。然而，在我国培养此方面人才的专门学校寥寥无几，全国只有 2~3 所体育院校开设了特殊体育教育专业，这远远不能满足我国开展残疾人体育运动的需要。因此要加大对残疾人体育专门人才培养的力度，建立一支高水平的教练队伍。

就目前的体制来看，要建立一支高水平的游泳教练队伍，需要从不同的角度、不同的机制来挑选和培养专业人才。

第一，由中国残联组织专门的残疾人游泳教练进行培训，组织完善专业的培训机制、培训过程和培训内容，最后发放培训资格证书。各省队依照培训证书聘用教练上岗执教，这对于我国残疾人游泳运动事业的发展、教练自身，以及运动员来说都是一种促进。

第二，鼓励社会成立专业残疾人游泳俱乐部，为国家和各省残疾人游泳队培养出精英教练和运动员。在此过程当中培养的教练，照样可以参加中国残联组织的专业残疾人游泳教练培训。

第三，通过传统方式，从各省市运动学校、青少年学校和游泳学校等选拔优秀教练。

第四，已经从事多年残疾人游泳竞技的运动员，在退役后也可成为残疾人游泳教练。这对于多年从事残疾人游泳运动的他们来说，无疑是非常好的发展。从他们自身的成长以及经历来说，他们了解残疾人游泳运动员的心理，了解残疾人游泳运动的规则以及整个国际发展动向，这对于残疾人游泳项目的教练队伍建设来说，具有促进作用。

3. 各省残联依托某俱乐部完成训练

随着我国社会经济的发展，健全人游泳开始出现大众化、俱乐部化趋势，游泳俱乐部遍地开花，残疾人竞技游泳也在发生变化；只是残疾人竞技游泳的群众基础与健全人群体相比要小得多，大部分省市残疾人竞技游泳队主要是由各省残联体育中心组织集中进行训练，但有的省市找不到适合的训练场地、适合的教练和队伍管理人员，还有的省市残疾人运动员较少。为了解决这样的现状，就成立了残疾人游泳俱乐部，俱乐部可以解决以上提及的问题，他们有自己的训练场地，还有教练团队、管理人员、文化学习场地等，因此许多省依托这样的俱乐部，为自己培养运动员，这也是一种解决问题的很好的尝试与途径。如昆明“云之南”青少年游泳俱乐部就具备自己的训练场地、食宿场地、管理团队和教练等，从2007年注册运营以来，已经发展了12年，培养了许多残奥会冠军。

（四）参加比赛

比赛是训练的终极目标。一切日常训练、队伍管理都是为了比赛出成绩。

第四节 残疾人游泳运动的功能

残疾人游泳运动可以减轻疾病对参与者身体、心理的影响，让他们能够重建信心和克服自身身体障碍，不断突破自我，提高生活质量，最终参与、融入社会，这种积极作用又反推残疾人游泳运动不断向前发展。残疾人游泳运动也是一种文化现象，它能满足人和社会发展的需要，体现出残疾人游泳的功能，残疾人游泳的功能取向也决定着国家、地区残疾人游泳发展模式、发展方向和对策措施。正确认识残疾人游泳的功能对社会发展和人的生活有重要意义，这也将促进残疾人游泳运动理论和实践的深入开展。

一、康复健身功能

残疾人游泳运动具有康复的作用，在“二战”后老兵的身上得到证实，康复健身也是残疾人游泳运动最直接和最主要的功能。处于青春发育期的青少年，身体有极强的可塑性和不确定性，在这个阶段，残疾人游泳参与者的身体机能有很大改善的可能，游泳锻炼指导要注意科学性、合理性、区别对待，避免萎缩的肌肉和坏死的神经进一步恶化。不少脑瘫学员在长期游泳后基本可以自行扶着支撑物缓慢走路，这是体育创造的奇迹，也是“生命在于运动”最好的诠释。残疾人游泳参与者在水中时，全身骨骼、肌肉和神经参与游泳运动，身体得以全面锻炼，柔韧、力量、耐力、速度等素质得以强化。长期、系统、不断突破自我的锻炼让残疾人的呼吸系统、心血管系统、神经系统、免疫系统和运动系统得到改善，社会环境适应能力、耐受能力也随之提高。

二、教育功能

现代奥林匹克之父顾拜旦说过一句名言，“如果离开了教育，奥林匹克将毫无价值。”《体育运动国际宪章》明确指出，“体育运动是全面教育体制内一种必要的终身教育因素”。残疾人在参与游泳运动过程中，机体得到全面发展，他们在体育竞赛中拼搏进取、奋勇争先，有了面对困难的勇气和为集体荣誉而战的精神，表现出很多可贵的品质，对整个社会的教育作用深远。

三、娱乐功能

残疾人在游泳运动中体验人与水融合的乐趣，在运动竞争中体验运动带来的乐趣，在自己喜爱的运动中身心得到放松，绷紧的神经得到舒缓，压抑的内心得以尽情释放，生活得到极大丰富，生存质量得以提高。

四、价值补偿功能

残疾人由于身体部分障碍影响相关部位的功能，人体作为一个整体，在器官和功能上会给予障碍部分补偿，通过增强其他功能提高身体活动能力。视力残疾的游泳参与者对触觉和听觉敏感，技术理解能力强于其他人；下肢残疾的游泳参与者上肢和腰腹能力强于健全人，在学习中更善于用核心部位发力，并且上肢与核心部位协调发力能力也较强。在现代社会科技与体育深度结合的背景下，残疾人的价值补偿功能也从单一性向多面性、局部向整体、体能向智能发展。

五、心理完善功能

残疾人由于自身缺陷和部分机能障碍，在生活、学习和工作上有着极大困难，给家庭也带来巨大压力，这种社会中的弱势地位，让他们的内心自卑、焦虑，封闭自我，孤独消极，很难融入社会。他们在游泳运动中接受教练帮助，学习技能，耐心交流，内心得以打开，在运动和交流中心情放松，逐渐主动与他人交流沟通，也在学习游泳技能中体验自身进步带来的惊喜，更好地认识自我、肯定自我和战胜自我。这些为他们逐渐融入社会生活接纳别人做好准备，使其赢得社会尊重、理解和支持，打破生活屏障，在健全人的关心下更好地融入社会。

六、人格塑造功能

现今社会高速发展，对人的要求不断提高，残疾人在面对生活、学习和工作困难时，与健全人相较处于弱势，他们只有克服自身弱点，塑造完善人格，才能更好地立足社会。残疾人在游泳时不断克服自身困难，突破身体障碍，在高强度负荷中完成技能，这就是意志力、自强精神和体能的很好结合，也是为进入社会承受高压、大负荷工作做好应对准备，不断磨砺造就更健康的身心。残疾人在练习游泳技能中完成自我超越，不断突破身体和心理极限，这与现代人不愿被时代淘汰、不断向上的精神一致。他们在游泳教学要求、竞赛规则中养成按规则做事的习惯，在互助学习中学会对人友爱。残疾人游泳运动不只是单一的康复手段，更是残疾人运动员逐渐自我塑造、自我完善的途径。

第五节 残疾人竞技游泳运动发展现状与趋势

一、残疾人竞技游泳的主要国际比赛

目前根据残疾人的残疾类别，国际奥委会承认的残疾人奥林匹克国际赛事有三个：残奥会、特奥会和聋奥会。

（一）残奥会

残疾人游泳项目有其特殊性，根据参赛者残疾类别和程度的不同，可划分为不同的级别。为维护公平竞赛的原则，残奥会依据国际游泳残疾人体育运动组织医学委员会制定的相应分级参赛标准，规定残疾人运动员在不同分类、不同级别中参加比赛。具体的医学分级标准见第二章。

（二）特奥会

智力残疾人士虽然也属于残疾人，但考虑到这个人群智力的特殊性，自 2008 年北京残奥会开始不设智力残疾级别项目，而是为智力残疾运动员单独设置运动赛事——特奥会。特奥会规则规定智力残疾运动员年龄在 8 岁以上，智商在 70 分以下的，不分男女老幼均可以参加特奥会游泳比赛。

参加特奥会比赛项目的最低年龄限制为 8 岁，未满 8 岁的儿童不能参加特奥会比赛，参加特奥会没有最高年龄限制。但对于 6~8 岁儿童，特奥会组织提供了适合此年龄段孩子参加的训练计划、文化活动和社会活动。对于参加特奥会竞赛的运动员，除了有年龄要求外，还需要有特奥会指定的相关机构或医师开具的智商在 70 分以下的证明，这些有智商证明的运动员经过普查登记即可参加特奥会。

需要指出的是，特奥会和残奥会虽然都是国际奥委会认可的世界性残疾人运动会，但特奥会有自身的一些特点：①自 2008 年北京残奥会开始，智力残疾人运动员的比赛项目仅作为表演保留在残奥会上，而残奥会运动员是不参加特奥会比赛的；②特奥会比赛的设立是为了体现参与和融合的残疾人体育理念，不强调竞争，所以在对待特奥会人群时，考量更多的是平等参与，如对于智力残疾人群参加的训练和比赛不收取任何费用；③在竞赛规则上，凡是特奥会的参赛者都可以获得荣誉，大赛为同一项目组别的前三名设置

奖牌，其他参赛选手均有相应名次的奖励。

（三）聋奥会

聋奥会的比赛项目和健全人的比赛项目差不多，有区别的是听力残疾的运动员在游泳出发时不用发令枪，发令员使用的是手旗。需要强调的是，听力残疾的运动员一般伴有语言障碍，所以参与聋奥会的运动员包括聋哑残疾人运动员。

二、国际残奥会的发展

1948 年，以康复医学专家洛特维西倡导下肢瘫痪的残疾人多用轮椅运动为契机，英国发动组织了 16 名脊柱损伤的老兵参加轮椅运动会。这场特殊的比赛能够成功举行离不开英国当时的知名人士和医学专业人士——外科医生路德维格・格特曼爵士的推动。他们选择在伦敦奥运会比赛期间开展此项赛事，这样能得到更多关注，获得的影响力也更深远。这就是斯托克・曼德维尔运动会。伦敦奥运会之后的第 4 年，荷兰退役军人加入这项运动会，运动员的参赛人数提高到 130 多名，赛事名称更改为“国际斯托克・曼德维尔运动会”。此后，这项国际赛事每年举行一次。

随后几年，该赛事如期举行。1960 年的第九届国际斯托克・曼德维尔运动会在罗马奥运会后举办，在英国的路德维格・格特曼爵士和意大利的安东尼娅・马里奥教授等社会知名人士的精心策划、组织和推动下，此次运动会的规模和影响面得到了空前的扩大，来自 23 个国家的 400 名残疾人运动员参与了此次盛会。同时，在这届运动会上，此项赛事有了“残疾人奥林匹克运动会”的称谓。残奥会是代表着残疾人体育最高水平的竞赛，是世界级大型综合运动会。值得一提的是，游泳作为各种参赛级别均可涉及的参赛项目在本届残奥会中得到长足发展。

1964 年，国际奥委会做出决定，承办残奥会与夏季奥运会的国家为同一个。1982 年，世界残疾人体育组织国际协调委员会（简称“国际协调委员会”）成立，得到国际奥委会认可。国际协调委员会是残疾人体育运动的管理机构，残奥会参赛项目的设立必须由该机构认可。经过国际协调委员会协商，国际奥委会在 1984 年正式批准了“残疾人奥林匹克运动会”的名称，1988 年夏季奥运会与残奥会在同一城市举办的决定得以确立。为加强对残疾人体育运动的管理，让残奥会的开展有监管、协助和授权机构，使残疾人体育与国际健全人体育能更好地融合，1989 年，国际残奥委会得以成立。国际残奥委会游泳运动委员会的宗旨是：促进和加强游泳运动在世界各地的发展普及，在游泳运动中推广竞赛规则、章程和分级，承认批准和认证竞赛，提倡无违禁药品的运动，促进和加强国际交流。2000年是国际奥委会与国际残奥委会深度合作的标志年份，系列协议得以落实，奥运会申办城市须同时申办残奥会，在奥运会后一个月进行残奥会比赛；自 2008 年夏季奥运会开始，残奥会比赛的场馆、设施与奥运会的一致，奥运会与残奥会得到深度融合。

随着世界残疾人运动的深入发展，世界残疾人游泳运动得到全方位综合发展，国际性的残疾人游泳比赛基本上形成4年一循环的竞赛模式，第一年举办区域性锦标赛，第二年举办世锦赛，第三年举办区域性锦标赛，第四年举办残奥会。

三、残奥会与奥运会区别

截至2019年，残奥会举办了15届。回顾残奥会发展过程，参赛国家在不断增多，赛事影响力在不断扩大。残奥会与奥运会的区别主要有以下6点。

第一，两者从字面和隶属关系上有区别，残奥会不是奥运会的组成部分，国际奥委会共有17个专门委员会，其中并不包括国际残奥委会。奥运会有特定含义。它源于古希腊奥林匹亚竞技，奥林匹亚是古希腊的一个地名，在公元前776年，奥林匹亚举行了历史上规模最大的祭祀运动会，奥运会因此而得名。现代奥运会是古代奥运会的复兴。为了纪念和传承，第一届现代奥运会选择回到它的发源地举办，并定名为“现代奥林匹克运动会”。

第二，两者都是国际体育竞赛活动，但性质不同。奥运会属于竞技体育运动会，是世界高水平的竞技；残奥会属于社会体育、特殊体育运动会，是群众性竞技活动。

第三，两者竞赛办法有区别，在竞赛项目、竞赛规程、竞赛规则、竞赛器材上都有差异。

第四，专业程度有区别。奥运会运动员都是经历常年系统训练的职业运动员，残奥会运动员大多数是业余运动员。

第五，社会媒体对两者的关注度不同，两者的影响力有较大区别。有超过100个国家和地区电视台现场转播了近几届奥运会，而购买残奥会转播权的国家和地区电视台只有近50家，不到奥运会的一半。

第六，同一年奥运会和残奥会虽然都是由同一个国家举办，但残奥会不是奥运会的继续。奥运会和残奥会实际上是具有合作关系的两个不同的国际体育系统。50多年来残奥会有很大的发展，但在已举办的15届残奥会中，有5届并不是在奥运会场地举行的，甚至不是在同一个国家举办的，说明残奥会与奥运会只是合作关系。

残奥会通过借用与奥林匹克类似的名称，鼓励残疾人参加大型体育竞赛，发扬奥林匹克精神，可以扩大知名度和影响力；奥运会举办国也能发扬人道主义精神，为残疾人提供各项比赛所需的物质条件，利用当届奥运会所建造的场地设施举办残奥会，能够有效削减大量的举办费用。

四、我国残疾人竞技游泳的发展

1984年第七届残奥会，中国派出24名运动员参赛，分别参加了田径、游泳和乒乓球3个大项，共获得24枚奖牌，取得2金、13银、9铜的成绩。游泳队是其中一支主力军，中国残疾人游泳队15名运动员（12男3女）获得了6个第二名、4个第三名的好成绩。

在随后的1988年第八届残奥会上，中国残疾人游泳项目实现了金牌零的突破，一举夺得9枚金牌，其中来自云南省的肢体残疾运动员武云虎分别以打破世界纪录的成绩，获得了男子100米蛙泳和200米混合泳两个赛项的金牌。1992年第九届残奥会，中国残疾人游泳成绩再一次被刷新。特别是从2000年悉尼残奥会开始至2016年里约热内卢残奥会，除2000年和2008年以外的每届残奥会，中国残疾人游泳队都取得了金牌榜第一的成绩，其中在2016年里约热内卢残奥会上，中国残疾人游泳队收获了37金、30银、25铜的成绩，创造了新辉煌。中国残疾人竞技游泳自1984年开始起步，至今已有35年的发展历史，大概分为四个阶段。

（一）起步阶段（1984—1992年）

这个阶段，国际残疾人游泳分级体系是以残疾种类划分的，级别种类繁多；国家相应的机构设立未健全，国家发布的政策得不到贯彻，运动员选材方式为盲聋学校和军队推荐制；各级政府对残疾人体育资金的投入不多，运动员平时的集训时间有限，参与运动员少，体能训练处于摸索阶段，主要以健全人游泳体能训练为主要参考，再根据残疾人游泳运动员的残疾情况而制订相应训练计划。

自我国成立残疾人体育协会后，残疾人体育逐渐脱离民政体系和体育局。1984年以前，国内重大比赛和国际比赛集训一般不会超过3周。1984年和1988年残奥会的集训时间为3个月。以云南省残疾人游泳队为例，由于处于萌芽阶段，云南省残疾人游泳教练大多是云南省体工队退役运动员，体能训练内容较少，训练量较小，强度相对较低，不注重游泳技术，训练与当时健全人体工队在同一场地，训练时间为体工队正常训练之余，时间在早上7点至9点，下午1点至3点，或晚上7点至9点，体能训练内容、训练方法和手段单一，与专项有关的速度、耐力和爆发力训练相对较少，特别是对柔韧性练习不太重视。

前8届残奥会国际分级按照残疾类别、残疾程度、损伤情况和游泳姿势划分，分级种类多，级别人数分散，不便于比赛项目编排。自1992年起，国际残疾人游泳分类按照残疾人的医学功能分级进行了改革。这项改革后，许多运动员没了夺金优势，残疾人游泳金牌数量锐减，原有的残疾人运动员难以适应新的分级比赛，必须培养新的残疾人游泳运动员。我国抓住这一改革契机，组织人员到国外学习最新分级，以适应新规则，全国各省依据新规则重新进行残疾人游泳人才储备。

1992年巴塞罗那残奥会上，中国残疾人游泳队取得优异成绩，赛后时任国务院副总理的田纪云做了重要讲话，他说："从本届残疾人奥运会情况看，残疾人体育已经成为国际竞技体育的组成部分……因此，我们必须抓住有利时机，把残疾人体育纳入我国竞技体育之列，加快发展。"时任中国残联主席的邓朴方也强调："在成绩面前，要有清醒认识。我国残疾人体育起步晚、条件差、器材缺乏，同一些体育强国相比还存在很大差距。国际残疾人体育运动已经超出初期的参与、展示意义，朝着规范化和正规化的方向发展，成为竞技体育的一部分。为适应发展的需要，我们需以改革的精神，加强残疾人体育事业的建设，理顺关系，充实力量，将残疾人体育运动纳入国家竞技体育系列，列入工作议程，统筹规划和安排，增加必要设施，拓宽竞技领域，建立、健全奖励制度，逐步增加对残疾人体育运动的人、财、物力投入，加强教练队伍，做好培训工作，选拔和培养骨干运动员，使我国残疾人体育运动上一个新台阶。”这些重要讲话对为什么和怎样发展竞技体育，指明了方向，厘清了思路，进一步推动我国残疾人竞技体育向更高层次快速发展。

（二）发展阶段（1992—2002 年）

在中国残联出台的相关政策的指导下，各省积极参加从全国到各省的运动会，我国残疾人游泳事业在各地协会陆续设立后得到全面发展。2000 年悉尼残奥会上，中国残疾人游泳队斩获 13 枚金牌，这届残奥会上有来自 62 个国家和地区的 500 多名运动员参加了游泳比赛。

借着国际医学分级的改革、国际残疾人运动的发展趋势和 1994 年我国举办第六届远东及南太平洋地区残疾人运动会的契机，政府更加重视残疾人体育。例如：云南省大力发展残疾人游泳，在全省范围内扩大选材力度，加大集训和参赛资金投入，获得显著成效。残疾人游泳队从刚开始的四五人壮大到了 20 余人。在这个阶段中，云南省残疾人游泳队教练积累了经验，训练内容、方法与手段逐渐多元化。运动训练的周期更长，从 1992 年的 3 个月延长至半年，甚至到了残奥会，准备期延长至 1 年之久。在这个阶段的中后期，项目发展速度快，对运动员提出了更高的要求，受选材模式所限，出现了人才储备断档情况。1996 年后，领队与教练根据实情在云南省内进行普查，重新调整选材思路，在省内定期进行拉网式残疾人运动员的选拔与培训工作。在这个阶段中，云南省在摸索中形成了自己的一套选材、培训模式，在国内保持领先水平，为迎接新的挑战奠定了人才储备基础。当时涌现出了大批优秀残疾人游泳运动员，如李鹏、田恒恒、黄敏、王晓福、杨沅润、王家超、郭智、李俊、王倩等。

（三）繁荣阶段（2002—2012 年）

2002 年以后，各省残联成立体育指导中心。由于国家经济水平的提高和政府的大力支持，2001 年北京申奥成功，各省的残疾人游泳运动进入繁荣阶段。2003 年以后，基本实现系统化训练，训练时间实现全年训练，形成了较为科学的体能训练体系，专项训练内容、方法和手段变得更丰富、更科学和更有针对性，训练理念更是从大运动量理念逐渐转为以质量为主，加入了更多的医务监督手段等。

2001 年，为全力备战 2003 年全国残疾人运动会，各省残疾人游泳队大量挑选运动员，经过近两年的训练逐渐凸显成效。2004 年雅典残奥会，中国游泳队获得 19 枚金牌，实现了进入“世界三强”的目标。51 名中国残疾人游泳运动员中，男选手何军权参加了 S5 级 4 个游泳项目的角逐，在 50 米蝶泳、50 米仰泳、200 米混合泳上夺得金牌，女选手朱宏艳参加 S12 级的比赛一人独得 4 枚金牌，并打破 3 项世界纪录（中华全国总工会授予朱宏艳等运动员“全国五一劳动奖章”荣誉），游泳队金牌中有 6 枚来自云南籍运动员，仅王晓福一人就夺得 3 金，并打破 3 项世界纪录。2008 年北京残奥会，中国残疾人游泳队 40 人，共获得 13 金。

（四）稳定阶段（2012 年至今）

2012 年至今，残疾人游泳从纯业余进入半专业化再到专业化，各省残疾人游泳队一直保持正常的体能训练。2013 年 8 月，我国发布国家残疾人运动员运动等级标准，从某种层面上促进了运动员技术水平的提高。2012 年伦敦残奥会，中国代表团派出 51 名游泳选手，由杨洋、许庆、杨博尊和王益楠等名将带队奋勇拼搏，出现“三冠王”“四冠王”，最终获得 24 金、13 银、21 铜的傲人成绩，雄踞奖牌榜榜首，创造了中国游泳军团征战残奥会的最好成绩。2016 年里约热内卢残奥会上，中国残疾人游泳代表队派出 62 名选手参加竞赛，获得 37 枚金牌，其中许庆获得 3 枚金牌，4 名游泳名将在摘得金牌的同时打破了他们所参加残疾人游泳项目的世界纪录。这一阶段的体能训练更加成熟和富有针对性及实效性，训练内容、方法与手段继续遵循上一阶段，运动量上则根据比赛需要和训练周期制订。根据残疾人游泳竞争日益激烈的新形势，在运动员选材上要重新适应国际需要。

现阶段，我国残疾人游泳处于世界领先水平，未来发展趋势将以各省体育中心集中训练式发展和依托俱乐部式发展为主，国家将逐渐弱化竞技游泳，而把大量财力放在以竞技游泳带动大众残疾人游泳的趋势上，让更多大众残疾人得到残疾人游泳的实惠。

第二章 残疾人游泳运动医学分级

第一节 残疾人运动医学分级科学基础

一、医学分级的目的

医学分级的目的是将运动能力、残疾程度相同或接近的残疾人运动员科学地划分在同一组别进行比赛，只有这样的分组竞赛才能彰显残奥会比赛精神——公平、公正和安全竞争。残疾人运动医学分级走过两个阶段：第一阶段是从 1960 年第一届残奥会至 1988 年第八届残奥会，规则和分级标准由国际游泳联合会（以下简称“国际泳联”）制定，根据残疾类别分级；第二阶段是 1992 年巴塞罗那残奥会以后，国际残奥委会接管分级管理系统，根据功能分级，除视力与听力残疾外，不同残疾类别的运动员可在同一级别参赛，只要功能障碍相同。国际残奥委会医学委员会根据比赛特点、运动员能力和身体功能鉴定，结合残疾类别和程度，给游泳项目制定相应的分级标准。

在此标准中，将肢体残疾定义为“人的四肢残缺或四肢、躯干麻痹，畸形，导致人体运动系统不同程度的功能丧失或功能障碍”。肢体残疾运动员包括截肢运动员、脑瘫运动员、脊髓损伤运动员及其他残疾人运动员四类。每个分类有其最低参赛标准，在体育竞赛中，对肢体残疾运动员的医学和功能分级包括：国际残疾人体育联合会截肢运动员的医学和功能分级；国际脑瘫运动娱乐协会脑瘫运动员的医学和功能分级；国际轮椅和截肢运动联合会脊髓损伤运动员的医学和功能分级；国际残疾人体育联合会其他残疾人运动员（截肢、脑瘫、脊髓损伤除外）的医学和功能分级。

二、医学分级的基本原则

（一）残疾人运动员的功能障碍必须达到参赛最低标准，才能参加正式的残疾人游泳运动项目比赛

不是所有残疾人都可以成为残疾人运动员，需要有关部门对其进行医学分级和运动功能测试并做出科学评估，才能认定是否可以成为残疾人运动员。国际残奥委会和世界残奥游泳委员会分级规则中有最低残疾标准，比如：双下肢不等长，最少相差 20 厘米；身材矮小，18 岁之前，需接受年度审查，女性身高不超过 137 厘米，男性身高不超过 145 厘米等。智力残疾运动员，在 18 岁前出现损害，发展商为 55~75，智商≤ 70。

（二）残疾必须是永久的功能障碍

为避免残疾人运动员比赛前生理功能发生实质性改变，造成分级误差，通过医疗或康复治疗可以改善的运动员暂时不能参加比赛。当运动员功能改善达到最大程度后必须重新进行评估分级，如运动员脑部外伤，在受伤两年内，运动员脑部功能会不断恢复，在这两年时间里，一般不给残疾人运动员分级。

（三）运动员身体功能评估是分级的基础依据

以运动员训练前神经和肌肉生理功能状态评估结果来分级，不考虑运动员运动成绩的优劣，运动员的心理因素、是否训练有素或缺乏训练都不应考虑在分级因素内，分级也不考虑运动员内脏器官的障碍和会引发的疾病。

（四）关节或肢体畸形的评估原则

以实际所能达到的功能为依据，关节固定时功能肌力评估一般视为 0，但应考虑该关节对运动能力所产生的影响。

（五）肌肉痉挛不评定为功能性障碍

在一些偶然情况下，痉挛对运动员是有利的，肌肉痉挛可以视为有功能肌力。

（六）分级尽可能依据游泳各个项目所需功能来确定

当同一名残疾人游泳运动员要参加不同的泳姿比赛，他的级别就可能不同。

第二节 残疾人游泳运动医学分级流程

一、残疾人游泳运动员的分级规则

残疾人游泳比赛首先要对运动员进行医学分级，由世界残奥游泳委员会授权的主分

级师和分级师，按照世界残奥游泳委员会分级规则（以下简称“WPS 分级规则”），在运动队报到后，逐一对需要分级的运动员进行评估。根据陆上肢体功能评价、水中技术评价和赛中观察评价，来评定运动员分级的分数，以此确定其参赛的级别。

新分级规则规定，当陆上肢体功能评价结果和水中技术评价结果不一致时，一是优先考虑水中技术评价结果，二是分级组可重复进行评价（局部或全部）。

二、残疾人游泳运动的分级代码

残疾人体育竞赛中，分级规则及法规构成了残疾人游泳规则的一部分，游泳运动员的级别以 S 加相应数字来表示（Swimming 的第 1 个字母）。

（一）用 S1~S15 表示不同的类别和级别，如：

S1~S10 表示肢体残疾类别和级别。

S11~S13 表示视力残疾类别和级别。

S14 表示智力残疾类别。

S15 表示听力残疾类别。

数字越大，表示残疾程度越轻（规则中称为高一级别）。

（二）肢体残疾

肢体残疾医学分级评分的 8 个指标：肌力残疾、肢体缺失、下肢不等长、身材矮小、肌张力增高、共济失调、手足徐动症、被动关节活动度残疾。

（三）视力残疾（盲人专项仪器设备检测）

S11：全盲，完全无光感；矫正视力 < 2.60，比赛必须戴不透光泳镜。

S12：有轻度光感；矫正视力 1.50~2.60，视野 < 10°。

S13：弱视，能见手型；矫正视力 1~1.40，视力≤ 1，视野 < 40°。

（四）智力残疾（弱智专项仪器设备检测）

智力残疾是指智力显著低于一般人水平，并伴有适应行为的残疾。此类残疾是由于神经系统结构、功能残疾，使个体活动和参与受到限制，需要环境提供全面、广泛、有限和间歇的支持。

智力残疾包括：在智力发育期间（18 岁之前），由于各种有害因素导致的精神发育不全或智力迟滞；或者智力发育成熟以后，由于各种有害因素导致智力损害或智力明显衰退。

特奥会的四级标准：

（1）发展商（DQ）0~6 岁：55~75。

（2）智商（IQ）7 岁及以上：50~69。

（3）WHO-DAS Ⅱ分值 18 岁以上：52~95。

（4）适应性行为：轻度。

（五）听力残疾（聋哑专项仪器设备检测）

对音反应度，国内标准 65 分贝，国际标准 55 分贝。

听力残疾有专门国际组织，虽不属于国际残奥委会，但常将其纳入国际残奥委会的比赛。

（六）残疾人游泳泳式类别及级别代码设置

S 后面没跟字母，表示自由泳、仰泳、蝶泳项目运动员；SB 表示蛙泳项目运动员；SM 表示个人混合泳项目运动员；S 字母后面再跟数字，表示各个级别。

（1）自由泳、仰泳、蝶泳设有 13 个级别，分别为 S1~S10、S11~S13。

（2）蛙泳设有 12 个级别，分别为 SB1~SB9、SB11~SB13。

（3）个人混合泳设有 13 个级别，分别为 SM1~SM10、SM11~SM13。

（4）S1~S4 重残（目前比赛多为 S3~S4）设有 4 个级别（不含蝶泳的短池 75 米、长池 150 米个人混合泳），短距离项目更适合重残运动员。

（5）S14（智商在 70~75）也设在其中，而智商在 50~69 才可参加特奥会。

（6）接力。接力项目基于一定分数要求（如 S6 即记为 6 分，SB12 即记为 12 分）。设有 20 分、34 分（肢体残疾运动员接力）、49 分（视力残疾运动员接力）3 个分值的 9 项（4 名队员级别合计的最大分值）。在接力时，运动员级别数字就是该运动员的分值，接力队 4 名运动员分值累加超过规定分值，其中，必须至少有 1 名 S/SB11 运动员，其余 3 名可以是 S/SB11~SB13 运动员。

①肢体残疾运动员接力（设有 20 分、34 分）。

20 分：4×50 米自由泳接力、4×50 米男女混合自由泳接力、4×50 米混合泳接力。

34 分：4×100 米自由泳接力、4×100 米混合泳接力。

②视力残疾运动员接力（设有 49 分）。

49 分：4×50 米自由泳接力、4×100 米自由泳接力、4×50 米混合泳接力、4×100 米混合泳接力。

（七）需要注意的事项

（1）当同一名残疾人游泳运动员要参加不同的泳式比赛，他的级别就可能不同，在蛙泳定级中，可能不是同一级别。例如：某运动员可定级为 S7 级、SB8 级、SM7 级。脚踝功能强，蛙泳定级得分多，进入高一级别。

（2）拒绝参加医学分级和运动功能测试或不与测试人员配合的运动员，将失去参赛资格。

（3）不同类别、不同项目、不同性别、不同距离、不同赛次不能并组比赛，只有不同级别的运动员可以并组进行比赛。

三、残疾人游泳运动员的分级状态

所有希望参赛的残疾人游泳运动员都要积极配合分级人员进行分级工作，如不配合，不仅仅是个人，所属运动队也将会受到处罚。

（一）残疾人运动员分级后的三种状态

确认状态（C）——定级。

评论状态（R）——观察。

新参赛状态（N）——待定级。

N 为新参赛状态，适用于初定级的运动员。此状态的运动员参赛报到后，必须进行医学分级。首次出场时，其可以国家性抗议（国家机构 / 全国残疾人奥林匹克委员会可以在比赛期间公布的 1 小时内和在竞赛评估公布后的 15 分钟内对其级别进行抗议）或主分级师抗议。

R 为评论状态，适用于给出疑问 / 质疑，再确认级别的运动员。此状态的运动员参赛报到后，必须进行医学分级。其可以国家性抗议或主分级师抗议。

C 为确认状态，体现永久性原则效力，适用于终身定级的运动员。此状态的运动员参赛报到后，无须进行医学分级，不可以国家性抗议。除非《国际分级手册》的分级标准发生变化、运动员损伤度发生变化，仅限运动队可以抗议。运动员若残疾程度得到改善，则应再进行医学分级。

C 状态由国际级分级师确认后是永久状态，任何单位，甚至是国家都不能对其抗议，而对于分级状态为 R、N 的运动员是可以进行抗议的，但只允许一次，由国际级医学分级师对其再次进行必要的检查和观察，然后确定运动员级别，在一次比赛中不可以对一名残疾人运动员反复进行抗议。抗议时须由领队或大会分级师书面提出并交纳 150 欧元。分级抗议尽可能早解决。

（二）残疾人游泳运动员其他分级状态

CNC——该运动员分级未完成。

FRD——给运动员指定分级现状与一个固定的审查日期。

OA——对运动员进行观察评估（在跟踪评估期间指定跟踪代码）。

经过医学分级后，不符合最低残疾人运动员标准的用 NE 来表示，不具备参赛资格，不得抗议。

（三）残疾人游泳运动员赛前分级

除 C 状态外，其他参赛者都要进行赛前医学分级。

不参加分级或被抗议成功，将失去参赛资格。

比赛后失去资格，则在正式公布中显示比赛时间和地点，不显示成绩。

分级后级别更改，除失去参赛资格的，可在技术会上重新报名。

（四）不给予分级

运动员在分级过程中，如果不配合或分级作假，分级师有权不给予分级，且终身执行该决定。

四、 残疾人游泳运动员分级公布

重新定级后，主分级师签署级别更改的运动员名单。

医学分级组提供所有参赛残疾人游泳运动员的分级信息汇总表（有例外符号）。

例外符号是医学分级组对各运动员给出的特定具体指向。裁判员执裁时，根据 WPS 分级规则和例外符号对应对照执裁。编排记录组在秩序单中运动员姓名后标出例外符号，提供给裁判员。裁判员应熟知并熟练运用例外符号。

例外符号决定该运动员的技术动作应该如何做才符合 WPS 分级规则（表 2–1）。

表 2–1　例外符号汇总表

符号	释义		符号	释义	
H	需要出发灯光或信号	开	Y	需要出发辅助设备	开
E	仰泳出发无法抓握	出	A	需要协助	开
1	单手出发	仰	5	双手／臂有意图同时触壁	蝶
2	单手触壁	蛙	7	躯干上部必须触壁	蛙、蝶
3	双手／臂有意图同时触壁	蛙	8	右脚必须外翻	蛙
4	单手触壁	蝶	9	左脚必须外翻	蛙
12	下肢拖带，或显示有意图的打腿	蛙	+	允许做蝶泳打腿动作 或不符合规则的蛙泳蹬腿动作	蛙

五、分级师对残疾人游泳运动员的监督

国际残奥委会或主办单位认定的国际分级师在赛中、赛后和领奖等过程中，进行现场观察比对，发现运动员在定级时故意不配合或定级不当，有权立即更改其参赛级别，甚至收回奖牌。

分级师分两组进行赛中监督：一组在池岸巡视，进行技术检查等工作；另一组在观众席上设置工作台，管理数据库。两组之间用耳麦保持密切联系，及时查对、处理信息。

六、分级师对残疾人游泳运动员的级别更改

残疾人游泳运动员在比赛期间被分级复查、级别抗议或由于其他原因，而导致其级别发生改变，一般有两种情况：由轻改重和由重改轻。分级原则：分值段确定时，分值就高不就低。

（一）级别由轻改重（变动到较低级别）

级别由轻改重的残疾人游泳运动员首次出场获得的名次和奖牌都将被承认，取得的成绩应被纳入新级别中。此运动员首次出场后，应尽可能地参加到新级别比赛中。如果残疾人游泳运动员已获得原级别的决赛资格，允许其参加原级别的决赛。

（二）级别由重改轻（变动到较高级别）

级别由重改轻的残疾人游泳运动员首次出场获得的名次和奖牌都将不予承认，取得的成绩应纳入新级别中，此运动员只允许参加新级别的比赛。因残疾人游泳运动员级别变更，导致某国家和地区某级别某项目运动员人数超出报名人数限定时，须由其领队删减运动员人数以满足技术文件的要求。

第三节 残疾人游泳运动员分级标准

一、2018 年残奥会分级规则

（一）分级标准

1. 视力残疾分级标准

视力残疾分为 3 个级别：S11、S12 和 S13。

2. 智力残疾分级标准

三种泳姿分为一个级别：S14。

3. 肢体残疾分级标准

肢体残疾中，S（自由泳、仰泳、蝶泳）分为 10 个级别：S1~S10。

SB（蛙泳）分为 9 个级别：SB1~SB9。

SM（混合泳）分为 10 个级别：SM1~SM10。

（二）肢体残疾分级评价

1. 分级评价项目

分级评价项目有：陆上肢体功能评价、水中技术评价、赛中观察评价。

2. 最低参赛标准

（1）陆上肢体功能评价最少减去 15 分。

（2）水中技术评价最少减去 15 分（含入水转身）。

（3）双下肢不等长最少相差 20 厘米。

（4）身材矮小，女子身高不超过 137 厘米，男子身高不超过 145 厘米。

3. 级别与分值关系

级别与分值关系见表 2–2。

表 2–2　级别与分值关系表

级别	分值	级别	分值
S1	≤ 65	SB1	≤ 65
S2	66~90	SB2	66~90
S3	91~115	SB3	91~115
S4	116~140	SB4	116~140
S5	141~165	SB5	141~165
S6	166~190	SB6	166~190
S7	191~215	SB7	191~215
S8	216~240	SB8	216~240
S9	241~265	SB9	241~275
S10	266~285		

混合泳的级别根据运动者的 S 级别和 SB 级别标准推算出来，如某运动者 S 为 8 级，SB 为 5，其 M 为 7 级。算法为：$(3\times8+1\times5)\div4=7.25\approx7$.

4. 陆上肢体功能评价标准

（1）肌力评价标准。

0 分：肌肉完全无收缩。

1 分：肌肉能蠕动，但不能带动关节运动。

2 分：肌力差，肌肉收缩能带动关节运动，但不能对抗肢体重力。

3 分：肌力一般，能对抗肢体重力，但不能对抗阻力充分活动关节。

4 分：肌力好，能部分对抗阻力充分活动关节。

5 分：肌力正常，能完全对抗阻力充分活动关节。

（2）躯干肌力评价标准。

①躯干上部屈曲。

5 分：手放头后，肩胛骨离开床面。

4 分：手交叉放胸前，肩胛骨离开床面。

3 分：手前伸，肩胛骨离开床面。

2 分：手前伸，肩胛骨不能离开床面。

②躯干下部屈曲。

5 分：手放头后，整个躯干离开床面。

4 分：手放胸前，整个躯干离开床面。

3 分：手前伸，肩胛骨离开床面，但下胸椎不能离开床面。

2 分：头抬起，肩胛骨不能离开床面。

③躯干上部伸展。

5 分：手放头后，固定大腿，头、肩、胸离开床面能稳住。

4 分：手放头后，头、肩、胸离开床面但不能稳住。

3 分：手放两侧，头、肩、胸离开床面。

2 分：手放两侧，腹部及下胸不能离开床面。

④躯干下部伸展。

5 分：手放头后，头、肩、胸、上腹部离开床面能稳住。

4 分：手放头后，头、肩、胸、上腹部离开床面但不能稳住。

3 分：手放两侧，头、肩、胸、上腹部离开床面。

2 分：手放两侧，腹部部分不能离开床面。

⑤躯干旋转。

5 分：手放头后，整个躯干离开床面。

4 分：手交叉放胸前，整个躯干离开床面。

3 分：手前伸，整个躯干离开床面。

2 分：手前伸，肩胛骨不能离开床面。

（3）功能障碍评价标准（肌张力高、手足徐动、共济失调）。

0 分：功能性运动完全丧失。

1 分：非常严重肌张力增高、僵硬和 / 或运动的协调性非常差，有非常严重的运动范围限制。

2 分：严重痉挛，肌张力增高、僵硬和 / 或严重运动协调障碍，有严重的运动范围限制。

3 分：中度痉挛，肌张力增高限制肢体运动和 / 或中度运动协调障碍，有中度的运动范围限制。

4 分：轻度痉挛，肌张力轻度增高和 / 或轻度运动协调障碍，运动范围基本正常。

5 分：正常。

其中，CP 躯干分值计算公式为：

S 躯干 =（上肢总分 /26+ 下肢总分 /20）/2 × 10

SB 躯干 =（上肢总分 /22+ 下肢总分 /24）/2 × 8

（4）被动关节活动度评价标准。

0 分：关节活动范围无活动。

1 分：关节活动范围 1%~25%（不包括 25%）。

2 分：关节活动范围 25%~50%（不包括 50%）。

3 分：关节活动范围 50%~75%（不包括 75%）。

4 分：关节活动范围 75%~100%（不包括 100%）。

5 分：关节活动范围正常。

（5）肢体短缺测量标准。

肢体短缺测量标准见表 2-3。

表 2-3　肢体短缺测量标准表

项目	S	SB
上臂	13	7
前臂	24	22
手	28	26
大腿	20	14
小腿	10	18
足	20	28
总分	115	115

①上肢。

上臂：从肩峰顶端到肱骨外上髁远端。

前臂：从肱骨外上髁远端到桡骨茎突远端。

手掌：从桡骨茎突远端到掌指关节远端。

手指：从掌指关节远端到中指尖。

②下肢。

大腿：从股骨大转子顶端到股骨外侧髁远端。

小腿：从股骨外侧髁远端到外踝远端。

足：从足跟到足最远端（第一或第二足趾尖）。

（6）身材矮小评价标准。

① S6 和 SB6。

女：身高不超过 130 厘米。

男：身高不超过 137 厘米。

② S7 和 SB7。

女：身高不超过 137 厘米。

男：身高不超过 145 厘米。

注：身材矮小运动员 18 岁前需要每年评价，如伴有肌力或被动关节活动范围障碍，达 25 分可向上升一级。

（7）下肢不等长评价标准。

下肢不等长至少相差 20 厘米。

（8）分值分布。

分值分布见表 2-4。

表 2-4 分值分布表

项目	S	SB
上肢	130	110
躯干	50	40
下肢	100	120
入水	10	10
转身	10	10
总分	300	290

5. 水中技术评价标准

（1）水中技术评价目的。

①了解游泳时产生推进的能力，包括节奏变化的能力。

②了解控制身体平衡的能力、游泳呼吸节奏和身体流线型姿态。

③了解肢体在水中的位置，在整个评价中掌握维持位置的能力。

④评价入水和转身动作。

（2）水中技术评价内容。

①评价水中安全。

②评价在不同速度下各种泳姿及技术。

③评价残疾对游泳的影响。

④评价残疾对入水和转身的影响。

（3）水中安全评价。

①从池壁滑入水中。

②仰漂。

③俯漂。

④转身（从仰卧位到俯卧位）。

⑤任意泳姿游 50 米。

（4）继续参加分级。

能完成水中安全评价的运动员可继续参加分级；如不能完成，则分级未完成，不能获得级别。

①仅上肢或下肢缺失、肢体矮小、下肢不等长的运动员身体评价后接着进行入水及转身评价，加分后评定级别及级别状态（R、FRD、C 或 OA），并标出例外情况。

②肌张力高、共济失调及手足徐动的运动员，匀速游 6×50 米，间隔 20 秒，速度由分级小组决定（不低于最佳成绩的 60%）。分级小组给出技术评价分，加上出发及转身分，给予运动级别及级别状态，并标出例外情况。

③其他残疾的运动员，完成身体评价后接着进行水中技术（含入水及转身推离）评价，须完成以下技术动作。分级小组给出技术评价分，加上出发及转身分，给予运动级别及级别状态，并标出例外情况。

——100 米自由泳（50 米匀速，50 米加速）；

——50 米自由泳打腿；

——100 米仰泳（50 米匀速，50 米加速）；

——50 米仰泳打腿；

——100 米蛙泳（50 米匀速，50 米加速）；

——50 米蛙泳打腿；

——50 米蝶泳（25 米匀速，25 米加速）；

——50 米蝶泳打腿和划水。

（5）水中上下肢评价标准。

0 分：上肢无功能运动，下肢无控制，水中位置非常低，拖拽。

1 分：关节功能活动范围严重受限；非常轻微协调动作；不自主运动，无推进力（手足徐动、共济失调）；无有效运动；微量平衡及稳定（位于水下，无控制）。

2 分：关节功能活动范围严重受限；严重协调问题；轻度肌力；平衡稳定性差，稍位于水下，有控制。

3 分：关节功能活动范围中度受限；加速有中度协调问题；中度肌力丧失，能动不连贯；平衡及稳定一般，肢体在水平面呈流线型，不能完全控制。

4 分：关节功能活动范围轻度受限；加速有轻度协调问题；轻度肌力丧失，能动不连贯；中度平衡及稳定，肢体呈流线型，几乎完全控制。

5 分：功能完全正常。

（6）水中躯干评价标准（权重分值）。

0 分：无控制；无平衡及稳定。

1 分：轻度控制；轻微平衡及稳定，位于水下，无控制。

2 分：控制受限；平衡及稳定差，稍位于水下，有控制。

3 分：中度控制受限；平衡及稳定一般，位置和水平面一致。

4 分：轻度控制受限；中度平衡及稳定。

5 分：躯干完全控制；平衡及稳定功能正常。

（7）入水动作（S 和 SB）评价标准。

0 分：水中出发，有助手。不能抓、站和坐。

1 分：水中出发，无助手 。不能抓、站和坐。

2 分：从坐位落入水中（非功能性）。

3 分：单下肢入水，动作很小，或双下肢入水，动作很小，并单或双上肢无功能。

4 分：双下肢入水，动作很小。

5 分：单下肢入水差—满意，或双下肢入水差—满意，并双上肢无功能。

6 分：双下肢入水差—满意。

7 分：双上肢无功能或肘关节以上截肢者起跳入水或单下肢入水功能好，并单上肢无完全功能。

8 分：单下肢入水功能好。

9 分：双下肢入水功能好并单上肢无完全功能。

（8）推离动作（S 和 SB）评价标准。

0 分：无推离动作。

1 分：仅单上肢单一推离动作。

2 分：仅单下肢单一推离动作。

3 分：单下肢很小的推离动作。

4 分：双下肢很小的推离动作。

5 分：单下肢动作差—满意。

6 分：双下肢动作差—满意。

7 分：转身双上肢无功能或肘关节以上截肢者。

8 分：单下肢推离动作好。

9 分：双下肢推离动作好和转身单上肢无功能。

（9）评价部位与分值关系。

评价部位与分值关系见表 2–5。

表 2–5　评价部位与分值关系

<table>
<tr><th colspan="3">评价部位</th><th>S 分值</th><th>SB 分值</th></tr>
<tr><td rowspan="4">上肢 14</td><td>肩 5</td><td>屈、伸、内收、内旋、外旋</td><td>S×5</td><td>SB×3</td></tr>
<tr><td>肘 3</td><td>屈、伸、旋前</td><td>S×3</td><td>SB×3</td></tr>
<tr><td>腕 3</td><td>屈、伸、尺偏</td><td>S×2</td><td>SB×2</td></tr>
<tr><td>手 3</td><td>屈、伸、内收</td><td>S×3</td><td>SB×3</td></tr>
<tr><td>躯干 5</td><td colspan="2">上屈、伸，下屈、伸，旋转</td><td>S×5（2，2，1）</td><td>SB×4（2，2，0）</td></tr>
<tr><td rowspan="3">下肢 12</td><td>髋 6</td><td>屈、伸、外展、内收、内旋、外旋</td><td>S×4</td><td>SB×6</td></tr>
<tr><td>膝 2</td><td>屈、伸</td><td>S×2</td><td>SB×2</td></tr>
<tr><td>踝 4</td><td>屈、伸、内旋、外旋</td><td>S×4</td><td>SB×4</td></tr>
</table>

二、中国国家分级标准（2009 年 9 月 30 日发布）

（一）自由泳（S）分级标准

1.S1 级（40~65 分）

（1）C5 平面完全性脊髓损伤，或有类似功能障碍的小儿麻痹后遗症。

（2）非常严重的四肢瘫，躯干、头部控制能力差，四肢推进运动严重受限。

（3）四肢严重关节屈曲痉挛，上肢运动和下肢推进功能严重受限。

2.S2 级（66~90 分）

（1）C6 平面的完全性脊髓损伤，或有类似功能障碍的小儿麻痹后遗症。

（2）C7 平面完全性脊髓损伤，同时合并有臂丛神经损伤所致残疾，或一上肢功能障碍。

（3）严重的骨骼肌肉损伤，肩关节功能非常差，类似于 C6 平面完全性脊髓损伤。

3.S3 级（91~115 分）

（1）C7 平面完全性脊髓损伤，或类似功能障碍的小儿麻痹后遗症。

（2）C6 平面不完全性脊髓损伤或类似功能障碍的小儿麻痹后遗症。

（3）严重痉挛性四肢瘫，躯干控制能力差，上肢推进动作不对称。

（4）严重四肢瘫、有痉挛和手足徐动，头、躯干控制能力差，四肢推进动作欠协调。

（5）中度四肢瘫，躯干控制差，痉挛、手足徐动或共济失调而致四肢有中度推进功能。

（6）严重的四肢短肢畸形或残肢非常短的四肢高位截肢。

（7）四肢严重的肌肉萎缩。

（8）四肢严重关节屈曲痉挛，仅下肢有轻 – 中度推进力。

4.S4 级（116~140 分）

（1）C8 平面完全性脊髓损伤，或残疾类似的小儿麻痹后遗症。

（2）C7 平面不完全性脊髓损伤或残疾类似的小儿麻痹后遗症。

（3）严重双肢麻痹，同时躯干功能受影响，肩和肘的推进功能受限。

（4）功能障碍类似 C8 平面不完全性脊髓损伤的肌肉损害。

（5）严重的三肢短肢畸形。

（6）四肢关节屈曲痉挛，上肢有轻 – 中度推进力，下肢运动功能严重受限。

5.S5 级（141~165 分）

（1）T1~T8 平面的完全性脊髓损伤，功能障碍类似的小儿麻痹后遗症。

（2）C8 平面不完全性脊髓损伤，有一定的躯干功能或功能障碍类似的小儿麻痹后遗症。

（3）严重双肢麻痹，躯干控制能力尚可，肩、肘推进能力尚可。

（4）重度偏瘫。

（5）中度、重度手足徐动、共济失调或痉挛。

（6）功能障碍类似 C8 平面不完全性脊髓损伤的肌肉骨骼损伤。

（7）软骨发育不全，女性身高不超过 130 厘米，男性不超过 137 厘米，并有其他障碍而致推进能力障碍。

（8）中度三肢短肢畸形。

（9）四肢关节屈曲痉挛，四肢有轻 – 中度推进力。

6.S6 级（166~190 分）

（1）T9~L1 平面完全性脊髓损伤，下肢无功能或类似功能障碍的小儿麻痹症。

（2）中度双肢瘫，躯干控制能力尚可，双肩和肘的推进功能尚可或良好。

（3）中度偏瘫。

（4）中度手足徐动和 / 或共济失调。

（5）双侧肘关节以上截肢，残肢短于正常的 1/4（A5 级）。

（6）同侧肘关节以上，膝关节以上截肢（A9 级）。

（7）先天性三肢短肢畸形。

（8）软骨发育不全，女性身高不超过 130 厘米，男性不超过 137 厘米。

（9）双上肢短肢畸形为正常的 2/3，并有单侧膝关节以上截肢。

（10）在膝关节以上截肢的同侧合并严重肩关节僵硬。

7.S7 级（191~215 分）

（1）L2~L3 平面完全性脊髓损伤或功能障碍类似的小儿麻痹后遗症。

（2）中度两肢瘫，躯干轻度功能障碍。

（3）中度偏瘫。

（4）双侧肘关节以下截肢（A7 级）。

（5）双侧膝关节以上截肢（A1 级），残肢短于正常的 1/2。

（6）一侧肘关节以上截肢，另一侧膝关节以上截肢（A9 级）。

（7）一侧上肢麻痹，并同侧下肢功能严重受限。

8.S8 级（216~240 分）

（1）L4~L5 平面脊髓损伤或功能障碍类似的小儿麻痹后遗症。

（2）轻度两肢瘫伴轻度躯干功能障碍。

（3）轻度四肢痉挛。

（4）轻度偏瘫。

（5）双膝关节以上截肢（A1 级），双侧残肢均长于正常的 1/2。

（6）双膝关节以下截肢（A3 级），双侧残肢均不长于正常的 1/3。

（7）单侧肘关节以上截肢（A6 级）或类似功能障碍的一侧全臂丛神经损伤。

（8）双手截肢，残留 1/4 或残留手掌。

（9）严重的双下肢关节功能受限。

9.S9 级（241~265 分）

（1）能步行的截瘫，双下肢轻微功能障碍。

（2）小儿麻痹后遗症，一下肢无功能。

（3）肢体轻微功能协调障碍或单肢瘫。

（4）单侧膝关节以上截肢（A2 级）。

（5）双侧膝关节以下截肢（A3 级），残肢长于正常的 1/3。

（6）单侧肘关节以下截肢（A8 级）。

（7）下肢部分关节僵硬，其中一侧下肢影响更大。

10.S10 级（266~285 分）

（1）小儿麻痹后遗症和马尾神经损伤综合征（S1、S2 脊髓损伤）、双下肢有轻微功能障碍。

（2）有轻微体征的痉挛和共济失调。

（3）一下肢麻痹。

（4）一侧髋关节严重僵硬。

（5）单侧膝关节以下截肢（A4 级）。

（6）双脚截肢。

（7）一手截肢，残留 1/2。

注：自由泳（S）评分，满分 300 分。

（二）蛙泳（SB）分级标准

1.SB1 级（40~65 分）

（1）C6 平面完全性脊髓损伤或有类似功能障碍的小儿麻痹后遗症。

（2）C2 平面完全性脊髓损伤，合并有臂丛神经损伤或一上肢功能障碍。

（3）非常严重的四肢瘫，上肢推进功能受限。

（4）严重痉挛性手足徐动性四肢瘫，躯干控制能力差，上肢、下肢推进运动范围非常有限。

（5）类似 C6 平面完全性脊髓损伤的严重肌肉骨骼损害，肩关节功能非常差。

（6）严重先天性四肢短缺或残肢很短的四肢截肢。

（7）四肢严重关节屈曲痉挛，上肢严重功能障碍。

2.SB2 级（66~90 分）

（1）C7 平面的完全性脊髓损伤或有类似功能障碍的小儿麻痹后遗症。

（2）某些 C6 平面不全脊髓损伤或有类似功能障碍的小儿麻痹后遗症。

（3）中度四肢瘫，躯干控制力差，痉挛、手足徐动、共济失调、四肢有中度推进功能。

（4）类似 C7 平面的完全性脊髓损伤的肌肉骨骼损害。

（5）四肢严重肌肉萎缩。

（6）严重三肢短缺。

3.SB3 级（91~115 分）

（1）C8 平面完全性脊髓损伤，手伸指功能良好或有类似功能障碍的小儿麻痹后遗症。

（2）C7 平面的完全性脊髓损伤或有类似功能障碍的小儿麻痹后遗症。

（3）T1~T5 平面的不完全性脊髓损伤或有类似功能障碍的小儿麻痹后遗症。

（4）T1~T8 平面完全性脊髓损伤，合并有胸、腰椎手术内固定，或髋关节严重萎缩影响平衡功能。

（5）严重的双肢瘫，躯干功能障碍，肩、肘推进功能受限。

（6）功能障碍类似 C8 平面完全性脊髓损伤的严重肌肉骨骼损害。

（7）中度三肢短缺。

4.SB4 级（116~140 分）

（1）T6~T10 平面的完全性脊髓损伤或有类似功能障碍的小儿麻痹后遗症。

（2）T9~L1 平面完全性脊髓损伤，合并有胸、腰椎手术内固定，髋关节严重挛缩影响平衡功能。

（3）C8 平面不完全性脊髓损伤，躯干控制能力好或有类似功能障碍的小儿麻痹后遗症。

（4）重度两肢瘫，躯干控制尚可，肩、肘有一定的推进功能。

（5）中到重度手足徐动，共济失调和痉挛。

（6）重度偏瘫。

（7）功能障碍类似 C8 平面脊髓损伤的肌肉骨骼损害。

（8）四肢严重关节屈曲挛缩，但有轻－中度推进功能。

5.SB5 级（141~165 分）

（1）T11~L1 平面的完全性脊髓损伤或有类似功能障碍的小儿麻痹后遗症。

（2）L2~L3 平面完全性截瘫，手术固定从 T4~T6 到腰椎，髋关节严重挛缩影响平衡功能。

（3）中度两肢瘫，躯干控制尚可，肩、肘有较好的推进功能。

（4）中到重度手足徐动，共济失调。

（5）中到重度偏瘫。

（6）同侧膝上和肘上截肢。

（7）双膝关节以上截肢（A1 级），残肢短于 1/2。

（8）膝上截肢合并同侧肩关节严重功能障碍。

（9）软骨发育障碍，女性不超过 130 厘米，男性不超过 137 厘米。

（10）双上肢先天性短缺合并双下肢功能障碍。

6.SB6 级（166~190 分）

（1）L2~L3 平面脊髓损伤所致的截瘫和小儿麻痹后遗症。

（2）双肢瘫，双上肢和躯干轻度痉挛。

（3）中度的偏瘫。

（4）中度的手足徐动症，共济失调。

（5）双膝关节以上截肢（A1 级），残肢长于 1/2。

（6）双上肢短肢畸形（正常 2/3），并有一膝关节以上截肢（A2）。

（7）一侧上肢麻痹，同时同侧一下肢功能受限。

7.SB7 级（191~215 分）

（1）L4~L5 平面脊髓损伤所致的截瘫和小儿麻痹症。

（2）轻度两肢瘫，躯干功能轻度受限。

（3）中度偏瘫。

（4）四肢轻度痉挛。

（5）双侧肘关节以上截肢（A5 级）。

（6）双膝关节以下截肢（A3 级），截肢短于 1/2。

（7）一肘关节以上同时对侧膝关节以上截肢（A9 级）。

（8）双下肢严重功能受限。

8.SB8 级（216~240 分）

（1）下肢轻度功能障碍的能行走的截瘫。

（2）小儿麻痹后遗症，一下肢无功能。

（3）轻微偏瘫。

（4）轻微肢体协调功能问题，或单肢瘫。

（5）下肢部分关节功能受限，一侧较重。

（6）双侧肘关节以下截肢（A7 级）。

（7）单侧肘关节以上截肢（A6 级）或有类似功能障碍的一侧全臂丛神经损伤。

（8）双侧膝关节以下截肢（A3 级），残肢长于 1/2。

（9）单侧膝关节以上截肢（A2 级）。

（10）单侧膝关节以下截肢（A4 级），残肢短于 1/4。

（11）单侧肘关节以下截肢，残肢短于 1/4。

9.SB9 级（241~275 分）

（1）下肢轻度功能障碍的小儿麻痹后遗症和马尾神经损伤综合征（S1、S2 脊髓损伤）。

（2）轻度痉挛、共济失调。

（3）单侧膝关节以下截肢（A4 级），残肢长于 1/4。

（4）单侧肘关节以下截肢（A8 级），残肢长于 1/4。

（5）不完全性欧勃麻痹（Erb-palsy）或臂丛神经损伤。

（6）手截肢，残留少于 1/3。

（7）足截肢。

（8）髋关节功能严重受限并下肢还有其他功能障碍。

（9）髋关节骨骺软骨病功能受限。

（10）双踝关节僵硬并有轻度下肢肌力弱。

注：蛙泳（SB）评价时腰部功能满分为 40 分，因而总分为 290 分。

第三章　残疾人游泳运动员的科学选材

第一节　残疾人游泳运动员选材理论依据

为了更好地发展残疾人竞技游泳运动，首先要做好运动员选材工作。按照各项目的特点，结合对运动员各项素质的特殊要求，确定选材指标和标准及选材的方法等，进行各项目的选材。

游泳是残疾人竞技体育中的第二大项目，20 世纪 80 年代，我国残疾人游泳运动就开始竞技化，并长期处于世界领先水平。从某种程度上来说，优秀成绩的取得一方面归功于运动员通过刻苦训练而具备了精湛的技艺，另一方面更取决于科学的选材。在有一定运动训练基础的游泳运动员中，如何进行科学的选材，并确保我国残疾人游泳运动员在生理基础水平方面具有优势，是一个值得研究的课题。选材对象主要针对青少年儿童，选材需要认识和发掘他们的运动潜在能力和进行未来成绩预测。

一、运动员选材

残疾人运动员的科学选材是在健全人青少年运动员选材的基础上，利用现代医学和高科技技术等方法和手段，运用生理、生化和心理等科学理论知识，运用现代生理生化指标，对各种类的残疾人运动员进行科学、标准和量化的选材，将具备与专项运动能力密切相关的先天遗传度高、后天可塑性大的运动员选拔出来，发挥运动员先天优势，提高运动员的成才率，提高比赛中的取胜率，降低运动员的淘汰率。而教练，要对残疾人运动员的各类功能进行评价与分析，以确定残疾人运动员参加的不同运动项目和级别。

不同残疾种类的运动员所适合的泳姿是有显著分别的，要有针对性地区别不同的残疾种类来给予不一样的项目培训方法。调查显示：双侧上肢截肢运动员更适宜参加蛙泳；而下肢功能障碍较重者比较适宜参加自由泳和仰泳；脑瘫运动员多数更适宜参加自由泳。

二、拉网式与筛选式选材

在残疾人运动员选材的初级阶段，大部分都是以低成本的方式进行选材，这样能够有效减少相关工作部门的工作量，避免时间和经济等方面的浪费，能高效节能、高效产出。进行大批量拉网式和筛选式选材，能够大批量地选出运动员苗子，符合高效低成本的特点。

三、各运动间层层选材

各运动间层层选材是以更合理利用人才为目的进行各个项目的依次选材，体能类作为第一首选项目，在体能类中，游泳作为首选项目，田径作为第二选项目（田径又分为跑跳组和投掷组），自行车作为第三选项目，往后会延伸至其他项目，例如击剑、射箭、举重、乒乓球、轮椅篮球、足球、盲人门球等。我国残疾人游泳运动在近几年的国际大赛中成绩相对突出，所以教练和运动员都愿意优先选择游泳项目，这也为残疾人游泳运动提供了较好的选材条件。

四、根据各级比赛中运动员表现选材

选材最好的机会是在各级比赛中，在这样的机会中能够发现素质较为全面的优秀运动员。如市级比赛能够为省队输送和推荐体能与心理素质良好或优秀的运动员，省级比赛能够为国家队选拔和输送体能与心理素质更好的运动员。

五、根据各级别形势选材

在日常的国际比赛中，有的级别和项目已经饱和，运动员水平很高，竞争力特别强，因此再培养该级别运动员需要花费的时间、金钱和精力就要大得多，成本增加，且无法获得好成绩。相反，部分级别和项目则水平较低，存在提升空间。在相对不太饱和的级别和项目中，可对该级别和项目的各国运动员年龄、运动年限、运动表现、职业生涯等进行分析，在国内选拔和培养运动员。

在选材时，一要根据该项目的国际水平和存在的提升空间，依照各级别类型选材，二要根据运动员的残疾级别、年龄、男女比例等选材。

比如美国、俄罗斯、乌克兰、英国等国家在男子 S7~S10 级的 50~400 米范围内自由泳、混合泳和各单项 100 米存在较大优势，所以其他各国应在选材中刻意避开 S7~S10 级的 50~400 米范围的游泳项目，但在此级别中也应考虑该级别和项目在全国范围内是否存在优势，同时从更长远考虑运动员的选材与培养。

短距离游泳，由于快速力量水平在其竞技能力构成因素中占主要地位，因而须选拔机能上表现出磷酸原供能系统能力强，神经冲动过程灵活性高、强度大、兴奋过程占优势，感官机能高度发展的运动员。良好的协调性和身体柔韧性对于运动员加大肌肉用力距离和完成技术也很重要。一般这类运动员主要集中在 S6~S10 级之间，在这个阶段的运动员大多为截肢和肢体缺失者，选材时主要考虑的因素有：①外形；②长期观察运动员是否反应快、肌肉爆发力强，常以出发发令、短距离冲刺和冲刺过程中的动作来评判；③选材也会根据运动员的成长周期来定，在运动员青少年时期，尽量选择中长距离项目，随着年龄的增长，运动员身体机能和心理素质不断发展，经验不断积累，各方面更加成熟，此时应慢慢转向短距离项目；④根据运动员的身体残疾情况而定，如双下肢或单下肢截肢的运动员一般不考虑 50 米短距离爆发力项目，因为短距离要求腿部的弹跳能力、途中加速能力强。

耐力运动员要有克服自身体重向前移动的能力，因此要求运动员体轻、有氧代谢水平高、最大摄氧量值高、心肺功能发展水平高，此类运动员还应具有高强度发展的心理耐力，能以极强的意志力忍受生理和心理的极度疲劳。

残疾人竞技游泳，一般最长的项目只有 400 米（除聋哑残疾人比赛项目外），因此在选取这一类运动员时，需要根据他们的肢残情况而定，一般选择双下肢、单下肢截肢或者下肢有肌肉萎缩、小儿麻痹症和其他下肢残疾的运动员。另外，这一类运动员的选材主要以年轻运动员为主，在发育过程中，运动员身体的各项指标可以通过耐力训练得到提高。

研究发现，在国际残疾人体育游泳项目的小项中，男子、女子 S1~S4 级别的竞争力并不强，运动员并不多，各项目中存在很多空缺，所以，在日常运动员选材中就应特别留意这一类别运动员的选材与培养。

根据国际男子、女子运动员比例选材，中国残疾人游泳在这方面一直处于“阳盛阴衰”的局面，但这种局面会随着各国队伍的发展和变化而产生变化。

实践证明，并非任何人经过多年系统的专业训练后都能成为优秀运动员。运动员选材是运动训练过程的重要一环，选材成功了，就意味着训练成功了一半。这对于残疾人运动员来说更为重要，因为残疾人参加比赛必须符合国际残疾人体育组织规定的最低残疾标准，必须有终身残疾（静止或进行中）功能障碍，这是基本条件。另外，为了尽可能确保平等参与、公平竞争，必须对参赛运动员的残疾类别、残疾程度以及运动能力进行准确的医学分级，符合运动项目的规定级别后再根据不同运动项目的特点和要求，综合运用有关学科的知识，采用调查、测试、评价等科学方法，把具有运动潜力的残疾人选拔出来，进行该项目的系统训练，以达到高水平的运动成绩。科学选材的主要目的是充分认识残疾人运动员的医学分级标准和发掘其运动潜能，或者说是预测残疾人运动员的运动专长趋势。

残疾人运动员选材理论体系所涵盖的知识涉及诸多学科领域，该理论体系的构建可以算得上是一项难度大、综合性强、较为复杂的系统工程。因此，其理论体系的发展一定是离不开其他相关学科的发展与应用的。有学者认为，在现代残疾人运动员选材的发展趋势上，综合运用现代自然科学成果是其具备的一个典型特点，特别是应用近代人类遗传学、医学、生理学、心理学、生物化学和数学的新成就、新技术和新型设备。从以往的实践经验来看，残疾人运动员选材在我国运动员选材中具有较强的特殊性，这一特殊性决定了残疾人运动员选材相对健全人运动员选材而言，对自然科学成果有着更强的依赖性。如何推动我国残疾人运动员选材理论体系的发展，如何加强残疾人运动员选材的跨学科理论与应用研究，进而不断丰富和拓宽残疾人运动员选材理论体系等问题，理应受到我国相关领域研究者的关注。

作为残疾人竞技游泳中第一个关键环节的选材工作，是残疾人竞技游泳可持续发展的关键，它是一项社会化系统工程，应该形成“政府—残联—医院—体科所—高校”相结合的联动长效合作机制。体育主管部门与残联要充分发挥政府行政职能作用，做到既要通力合作，又要明确分工、各司其职，为残疾人运动员选材工作提供有力的组织保障；残联与医院要紧密协作，负责加强对残疾人资料的收集、整理，并进行科学的医学分级工作；体育科研部门与高等学校要充分运用自身的科学研究能力，组织开展好残疾人运动员选材方面的科研工作。这些相关部门一旦形成良好的互动局面，并就此建立起长效合作机制，就能及早发现具有特长的和有发展潜力的残疾人运动员苗子，形成具有中国特色的残疾人运动员选材机制，为我国残疾人运动的整体发展打下坚实的基础。

第二节 残疾人游泳运动员选材步骤

残疾人游泳运动员选材主要按照以下几个步骤进行。

一、家系调查

（1）调查直系三代的形态特征。

（2）调查直系三代的身体健康状况和慢性病病史。

（3）调查直系三代的运动能力和对游泳的兴趣。

（4）重点调查与其直系最相像的家属，因为遗传联系的相似度高。

（5）调查备选者的出生情况。

① 出生是否难产、顺产或早产。早产容易体弱；难产可能有心血管系统遗留问题。

② 父母年龄。父母年龄与备选者身体体质成反比。

③ 父母健康水平，尤其是母亲健康水平与后代健康水平相关度高。

④ 备选者为第几胎，研究认为以后几胎更具优势。

⑤ 双胞胎注意生长发育期，尤其青春期注意营养和体质增强。

二、体格检查

对备选残疾人运动员进行体格检查，可以了解其健康状况，是否有对运动能力影响的疾病，是否有对运动能力进一步发展影响的身体缺陷，这些对后续进一步筛选有积极作用。

（1）肌肉系统：测量体重是否在正常范围；观察对侧肌肉系统发展与发育规律是否一致；对握力、腰腹力量等给予评价。

（2）骨骼系统：测量身高、坐高、臂展长度；立正状态下观察对侧肩、髋、四肢发育程度对称情况；观察胸廓形态、脊柱生理弯曲、上肢和下肢活动能力。

（3）心血管系统：判定心率、心音、血压正常与否。

（4）呼吸系统：测量肺活量、肺通气量，并排除胸部疾病。

（5）肝肾功能检查：排除肝肾部位疾病。

（6）血常规检查：红细胞、白细胞及血色素检查。

（7）尿常规检查。

（8）个人病史。

三、发育程度鉴别

残疾人游泳运动员选材应以“大器晚成”者为主，重点考核以下 4 个方面。

（1）骨龄。

（2）第二性征出现顺序、时间。

（3）进入青春期后每年身高增长值的百分比。

（4）骨发育两个转折点。

四、根据残疾级别选材

依据医学分组同一级别的伤残情况“就高不就低”选材，如 S8 级运动员单侧肘关节以下或通过腕关节的截肢均算为该级别，在选材时首选伤残肘关节功能正常、保留部分腕关节的运动员，这样后期训练大部分关节也能发挥更多的划手和身体平衡的优势。

第三节　残疾人游泳运动员选材指标

残疾人游泳运动员的分级分为许多种类，残疾种类最为复杂和多样，其中有肢体残疾、脑瘫、小儿麻痹症、脊柱损伤、先天性缺失、侏儒、聋哑、盲人和多重残疾，但不包括智力残疾、自闭症、发育迟缓、糖尿病和癫痫等。选材时，对不同残疾种类的运动员再

根据身体形态、生理机能、身体素质、运动能力、心理特点、水感特点和智力程度来分析与评定。（表 3–1）

表 3–1 不同类型残疾人游泳运动员选材指标评价表

残疾种类	肢体残疾	脑瘫	小儿麻痹症	脊柱损伤	先天性缺失	侏儒	聋哑	盲人	多重残疾
基本信息									
身体形态									
生理机能									
身体素质									
运动能力									
心理特点									
水感特点									
智力程度									

一、身体形态

身体形态包括身高、体重、臂展、坐高、手长、腿长、脚长等。

实践表明，一般情况下，具备身高较高、四肢修长、手脚宽大优势的游泳运动员，更容易取得优秀成绩。而且，上肢力量是游泳运动产生动力的主要来源，这就需要游泳运动员具有柔韧性和灵活性良好的肩关节。游泳运动中，由于有水的压力，运动员体能消耗较大，选材时要考虑选择胸廓肌肉发达的运动员，以满足游泳时人体呼吸肌的大强度的能量消耗。

残疾人游泳运动员在身体形态方面的选材要求与健全人游泳运动员的选材要求大致相同，但不同残疾类别对身体形态方面会产生较大的影响，在选材要求上还应多加考虑。例如：不同的肢体残缺状况对残疾人运动员在水中维持身体平衡会有不同的影响。一般都会用测量坐高代替测量身高的办法来评价残疾人游泳运动员的此项指标。

二、生理机能

生理机能指标包括心率、肺活量、憋气时间、无氧耐力、最大摄氧量、血睾酮、血红蛋白等。

残疾人游泳运动员的选材指标不能仅仅停留在心功能指数、憋气时间等简易指标上，残疾人游泳运动员对于良好心肺功能有着更加迫切的需要。因此，在初步选定残疾人运动员之后，更要注意收集掌握残疾人运动员的初始训练年龄、训练年限等指标进行复选，从而初步判定其发展方向、专项发展空间及潜力。（图 3–1）

三、身体素质

身体素质包括力量、速度、耐力、柔韧、协调、灵敏等。

游泳运动对力量素质要求较高。游泳运动员在可目测的范围内，至少需要拥有丰满的肌肉，肌肉线条要相对平滑、均匀。在测试中可采用陆上纵跳、立定跳远等测试方法，通过快肌纤维和慢肌纤维的比例来确定游泳运动员更适宜参加长距离或短距离的运动项目；一般在测试中，通常采用体后屈、立位体前屈等测试手段来确定运动员脊柱、腰背和腿部后群肌肉、韧带的柔韧性，采用踝关节屈伸度测试来确定运动员踝关节的灵活度。

在选拔残疾人游泳运动员时，应根据测试对象的残疾种类、伤残等级等情况，来酌情选择更为科学的测试项目。例如：对于截肢运动员而言，就不需要进行相应缺失肢体的测试；而脑瘫运动员的协调性运动功能因疾病而受到损害，在选材中就应重点进行柔韧素质的测试。（图 3–2）

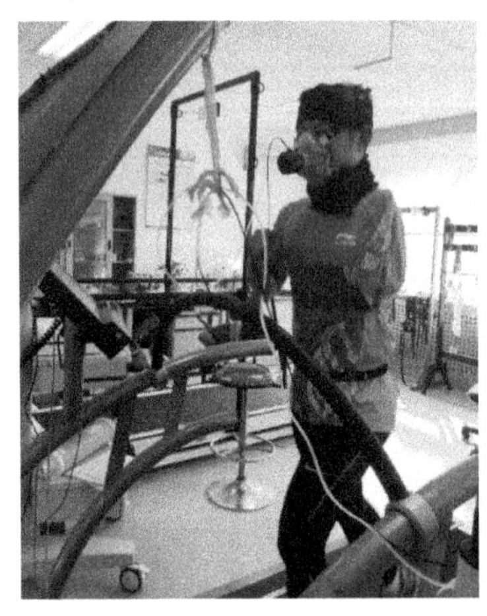

图 3–1 生理机能测试

图 3–2 身体素质测试

四、运动能力

运动能力包括跑、跳、爬、走、攀、抓、举、翻、游等。水中设定 15 米、25 米、50 米、100 米、200 米、400 米自由泳测试，其他各类姿势的不同距离的游泳测试；陆上包括 400 米、800 米、1000 米跑测试。

速度、速度耐力以及耐力等素质是进行运动能力评估的主要方面。对于残疾人游泳运动员而言，残疾本身会引起其在运动中的耗能增加，故未设 800 米及 1500 米自由泳项目。在考查综合运动能力时，可以测试 25 米手腿基本动作计时、四式 50 米配合计时、400 米自由泳计时、四式 10 米出发计时等项目。

五、心理特点

可根据心理量表或者定期观察，把握运动员的心理特点，如性格开朗、内向、自卑、自信、顽强、勇敢、胆小、焦虑等。

运动心理学的有关研究数据表明：运动员的自信心和焦虑水平对运动员的比赛成绩与心理健康有很大影响，两者之间存在明显的相关关系。特别是优秀残疾人游泳运动员参训时间的长短与焦虑、自信心水平成明显相关关系，参训时间长的优秀残疾人游泳运动员呈现出典型的低焦虑、强自信心的特点，比赛水平也明显高于其他运动员。由此可见，运动员的参训时间长短与心理状态好坏成正相关，心理状态好坏对技能水平的发挥程度以及参赛时的临场发挥都会产生巨大影响，它们之间存在密不可分的相关关系。具备性格开朗、勇敢、顽强等良好特质的运动员苗子，更有希望被培养成优秀游泳运动员。

六、水感特点

水感是游泳技能中的综合指标，是运动员力量与水中协调能力的表现，不是单独一项指标。水感应包含“漂、粘、轻、浮”等特点。在相同划频情况下，水感好的运动员划出的距离和获得的速度要比水感差的运动员更远更快；水感好的运动员在学习游泳时的领悟能力明显高于水感差的运动员，故在学习和练习过程中，进步更加明显。

残疾人游泳运动员由于身体残障，运动能力受到不同程度的影响，因此，水感在其游泳时尤为重要，水感的测试也成为残疾人游泳运动员选材中最核心的内容。

总的来说，水感好的运动员应具备的条件包括：

——动作准确协调，有节奏感、速度感和方向感；

——水中活跃，浮体高，时间长；

——划水效果好（能够有效划水，并使用适当大小的力量配合划水），打腿速度快，但频率不高，动作轻松，具体表现是运动员在水里又轻又快。

目前对于水感的测试仍以教练个人经验为准，难以定量。

七、智力程度

通过目测与智力测试进行运动员智力筛选，智力差的运动员在日常训练和学习中肯定是弱于智力水平更高的运动员，因此智力程度在运动员选材中也很重要。（表 3-2）

表 3-2　残疾人运动员不同智力程度划分

智力等级	智商（IQ）的范围	理论分布比率（%）
极优	≥ 130	2.2
优秀	120~129	6.7
中上（聪明）	110~119	16.1
中等	90~109	50.0
中下（迟钝）	80~89	16.1
边缘	70~79	6.7
（弱智）轻度	55~69	2.2
（弱智）中度	40~54	
（弱智）重度	25~39	
（弱智）极重度	≤ 24	

运动员选材的目的主要是将具备良好运动条件的少年儿童或者后备力量挑选出来，它是竞技体育最基础的一步。选材时要考虑游泳项目的特点，考虑专项的需求，进而用直观法、询问法、科学的测量方法和预测方法对所选运动员进行测试，提高选材的成功率。

值得注意的是，残疾人运动员的选材和健全人运动员的选材有一定区别，不仅应根据项目特点来选择运动员，还必须根据参赛项目的要求来进行各种残疾类型运动员的选材。另外，因为各个项目里又有等级之分，所以在选材上还必须结合项目分级的标准，来选择符合规则标准的运动员。再者，要根据各级别情况进行弱势选材，如 S1~S5 级或者 S5~S10 级存在不饱和选材。

第四章 残疾人竞技游泳技术原理

第一节 残疾人游泳技术训练概述

一、划频、划幅与游泳技术

一般来说，游泳的速度主要取决于运动员游泳技术动作的表现，即划频与划幅的合理配合。

划频是指单位时间内划水的次数，通常用次 / 分或次 / 秒来表示。自由泳和仰泳一个动作循环包括 2 次手臂动作（1 次左臂和 1 次右臂），蛙泳和蝶泳一个动作循环指一个完整泳姿动作。划频测试方法：测量次数 2 次以上，总时间除以次数获得均值（秒 / 次），再以 60 秒除以每次动作平均时间得到划频，如 3.2 秒完成 3 个动作，3.2/3 ≈ 1.067 秒 / 次，60/1.067 ≈ 57 次 / 分。

划幅是指一次划水动作所划进的距离。划幅计算方法：对已知距离的动作循环计数，用距离除以次数。注意不受转身和蹬边影响。

游速指游泳运动员前进的速度，游速 = 划幅 / 一个动作循环时间。

运动员在初期训练成绩提高的主要原因是减小阻力、塑造身体流线型及提高身体控制能力。提高划频前学会正确的划水动作很重要，在掌握正确划水技术后，提高划频和游速才有好的效果。运动员的游进阻力减小可以有效减少游进中能量的消耗，阻力减小，运动员获得最大划臂效率后再增加推进力才会有更好的效果。位移水量少才能使身体游进阻力减小，身体流线型是游进阻力减小的保证，最好的游泳运动员体型是从肩到脚呈倒锥形。训练就是把运动员身体练得更接近倒锥形。延长上肢划水时间需要更好地锻炼上肢和肩部，运动员臀和大腿的肌肉对打腿效果作用明显。游进中流线型身材的优势在于运动员头部和肩部把水切开缺口，身体其他部位如腹部、臀部和大腿在这缺口下不产生新的阻力；在游进中身体周围的漩涡会产生阻力，好的流线型身体可以控制臀部、腿部保持在漩涡内，不产生更多漩涡阻力。

提高划幅并使其最大化，让运动员以最大效率使每一次划臂产生最长游进距离，这需要在整个划臂过程中有良好的技术。最佳划臂距离练习方法：①数划臂次数是最大化划臂距离最直接、最有效的方法，通过不断降低运动员划臂次数就能使划幅最大化，但这样练习会导致划频的降低；②每一划的动作增加划水时效，运动员游速与划臂数量相加得到的数字不断减小就能有效提高训练效果，随着训练深入，运动员每趟成绩与划频最佳结合点出现即为运动员当前最有效的比赛速度；③分段提高每一个阶段的速度，保持同一划频不变，将 50 米分为 2 个 25 米段，100 米分为 4 个 25 米段，200 米分为 4 个 50 米段，统计每一阶段的划频和成绩，每一个分段要求运动员有一致的划臂次数，这对运动员的游泳能力是一种考量，这个练习的目的是每次划臂最佳距离的练习用最小的力来保持动作质量。注意，在运动员划臂距离相对稳定后再提出速度要求。

划频、划幅和游速三者之间的关系是倒 U 形关系，划频较低划幅才能较大，划频提高划幅通常降低。极高的划频需要很大的能量输出，多为无氧代谢，乳酸易迅速堆积导致酸中毒，无法保持划频。距离与三者有着紧密的关系，50 米短距离游泳运动员的划频维持在 60 次 / 分，超过 50 米，划频会急速下降。划幅与距离关系不明显。其他项目运动员在开始阶段的速度应低于最大速度，有助于推迟乳酸堆积。长距离游泳运动员需要减少每次划水的动作力度来保持能量，划频减少 2~5 次 / 分，但划幅不变。划幅对速度的影响不能离开划频的影响，即在不降低划频的前提下增加划幅，就能提高速度。有学者认为，短池赛的划频较长池赛高，还有人认为短池能保持相对较长划幅，原因在于转身能同时休息。身高与三者也有一定的关系，一般体型小的运动员较体型高大的运动员有更高的划频和更短的划幅。需要注意的是，不同距离里选择最佳划频和划幅组合，应考虑运动员习惯，若运动员不习惯该组合会增加游泳中的体力消耗。

提高游速可通过控制划频和划幅间的关系实现，一是提高划幅而不过度降低划频，二是提高划频而不过度降低划幅。划频、划幅最佳结合点方法：以比赛速度游进，以不同划频进行 25~100 米重复游，用秒表对 3 个连续的划水动作计时算划频，或用单独秒表记录每分钟动作次数。冲刺计数练习：以最大速度游进 25 米，同时减少动作次数或不增加划频但提高速度；50~100 米分 3 段包干游，第一段建立 4 个适度基础值速度，第二段 4 个速度不减，但在每个练习中减少动作次数，最后一段 4 个速度，每个尝试减少 1~2 个动作次数，速度提升 1~2 秒。运动员在充分休息和疲劳时都可以进行提高划频和划幅训练。

残疾人游泳运动员，因不完全或者完全缺失手臂或腿，在游泳过程中，划频与划幅自然与健全人运动员不同。有的运动员，因身体肌肉萎缩、脊柱损伤导致手臂肌张力弱，在划水过程中要增加划频。但在单臂游泳运动员中，其划频比双上肢健全运动员要少得多，因此单臂游泳运动员在一次划水过程中要获得更高的效率。（图 4-1）

图 4-1 单臂游泳运动员训练

二、身体平衡与游泳技术

在水中，人体平衡与浮力和重力有关。浮心是水对人体在水中各部位浮力的合力点，浮心与呼吸有关系；重心是身体各部位所受重力的合力点，人体上下肢密度差别大，重心靠近下肢。在水中游进的运动员处于动态平衡与非平衡的不停转换中，原有平衡破坏，调整身体姿势让重心和浮心重合在一条垂直线即达到新的平衡。

前移重心的技术可以减少动态平衡的破坏，运动员在游进中处于相对稳定的运动状态。游进时重心较浮心偏后，将重心前移靠近浮心可以在游进时维持好的水平姿势，游进时尽量前伸手臂可以前移重心，同时延长划水路线，提高游速。

直线游进也是保持身体平衡的方法，直线游进需要身体动作对称，运动员在游进时身体不要左右摆动和上下浮动。肢体残疾运动员游进时为保持身体平衡，需要代偿性加大肢残对侧划水或打腿幅度来弥补肢残一侧动作不对称，同时利用腰腹核心的稳定来减小身体摆动幅度。

由于每个人肌肉发达程度不同，浮力与平衡有一定差异，残疾人运动员由于肢残程度不同，在水中的浮力与平衡区别度会更大些，这需要教练不断积累训练经验。脊柱损伤的残疾人运动员双下肢不能动，在游进过程中整个下肢不能漂浮于水面，游进时形成很大阻力，在日常训练过程中，应利用特殊器材帮助运动员克服阻力，练习方法有下肢浮力练习、身体平衡练习和水感漂浮训练。（图 4-2）

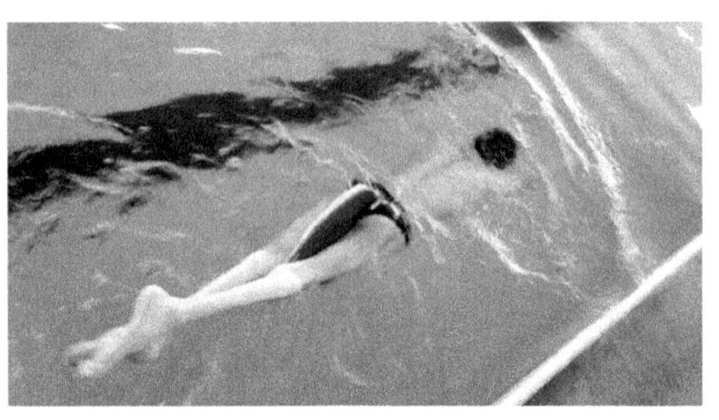

图 4-2 水感漂浮训练

三、推进力与游泳技术

运动员在游进时，身体不断克服阻力，加大游进的推进力以获得更快的游速。游进时手掌的入水角度让手背与手心形成压差，产生上升的力，手臂和腿部制造推进力的方式与螺旋桨的原理相似。要获得最大划水效果，每次划水须不断改变划水方向，同时加速完成划水，这样才能保证最佳推进力，游进划水的推进力阶段采用加速划水能获得相对静水推进力效果。

屈臂高肘划水可以有更多躯干肌群参与，划水的半径力矩减小，同时加长了直臂后划的距离，对游进时的蝶泳、仰泳、自由泳的身体位置起到有力的支撑作用，水在前臂周围形成圆形绕流，减少水阻力，提高推进力。

研究显示肌肉在等长收缩前伸长 20% 产生的力量最大，因此游泳运动员游进时入水动作和伸臂动作要充分伸展，既能延长划水路线又能充分发挥肌肉推进力。

四、良好的伸展度和放松是保持正确技术动作的关键

运动员游进时水中动量传递的关键取决于身体柔韧度和协调性，提高游进动作幅度也就加长了动力链的长度，为提高速度建立有力保障。保持肌肉伸展和放松对增加游进动作幅度而言是关键技术，也有利于避免肌肉过度紧张使能量过快地消耗，同时放松也是更好的身体位置的保证，尤其颈部肌群紧张、头位置过高，会造成下肢下沉。

五、细节决定技术

在训练中需要关注的细节有：运动员每次转身出水后第一个动作不能带有呼吸；所有训练中，最后 5 米到边要保持不呼吸，游速要快；保证每一次出发有正确的身体流线型，每次蹬边在水下 30 厘米处进行，出水面达到最大速度；合理、快速地转身；在比赛期间，每个训练都要带上出发动作。

六、残疾人游泳技术训练基本原则

（1）技术优先训练原则。

（2）短距离训练技术原则。

（3）保持流线型原则。

（4）重心稳定原则。

（5）充分伸展原则。

（6）合理节奏原则。

（7）发展平衡原则。

七、残疾人游泳技术训练注意事项

（1）教练要准确告诉运动员什么地方做对了。

（2）先练好技术再提高速度。

（3）让队员反馈，让运动员反过来教教练技术，队员间互相学习。

（4）利用辅助视觉材料、运动员技术录像进行教学。

（5）技术训练注重增加推进力，减小阻力。

第二节 不同级别肢体残疾运动员游泳时身体特点和技术侧重点

残疾人游泳运动的各个动作，都有着符合人体运动力学基本原理的标准技术；但每名运动员，又必须依据个体的生理特点，选择和掌握具有个人特点的运动技术，才能更有效地参与激烈的比赛。

在体育比赛中，残疾人和健全人的竞技能力最大的区别就在于对技术动作的掌握能力，这是由残疾人运动员本身的身体缺陷造成的。身体的残疾破坏了人体解剖结构，自然限制了一些技术动作的操作，智力残疾的运动员更是由于中枢神经系统的控制与协调能力差，影响了条件反射的形成，学习技术动作就相对更困难。

一、肢体残疾（S1~S5 级）运动员游泳时身体特点和技术侧重点

S1 级：四肢截肢，躯干部位功能正常；以 50 米距离为主；因该级别残疾程度较重，大部分运动员只能仰泳，依靠摆动身体获得推进力，保证能够在水中漂浮和游进。

S2 级：四肢部分截肢或留有一条腿、一只手，躯干部位功能正常；在游进时基本只能以仰泳漂浮在水面上，靠踢腿和划手前进，但因单边发力会造成一定的偏移。部分运动员四肢健全，但因关节活动度受限或肌肉萎缩，仰泳时的动作幅度较小。

S3 级：四肢不全部截肢，有末梢肢体功能，躯干部位功能正常，在游进时仰卧于水面上，依靠不完全截肢的肢体完成打腿和划手动作；以 50 米、100 米距离为主；与 S2 级相比，该级别运动员的肌肉萎缩程度、神经肌肉控制能力、关节活动度、肌张力与运动能力都要好得多，在游泳动作技术上就更加流畅。

S4 级：单侧上肢与单侧下肢截肢，因单侧上下肢高位截肢，游泳时主要靠单侧上肢、腰和下肢发力。该级别擅长短、中长距离项目（50 米自由泳、蝶泳、仰泳，100 米仰泳和 200 米自由泳等），以爆发力速度和速度耐力为主，但游进过程中容易造成向一侧偏移。对 S4 级单侧手腿缺失的运动员来说，长时间的单侧训练非常容易导致疲劳和身体形态的改变，造成永久性伤害。

S5 级：四肢肌肉萎缩，虽然四肢健全，但手掌、脚掌畸形，无法伸展；以短距离项目为主，如 50 米、100 米仰泳、自由泳和混合泳。

二、肢体残疾（S6~S7 级）运动员游泳时身体特点和技术侧重点

S6 级双上肢截肢：因双上肢缺失，游泳时主要靠腰和腿部发力；以短距离爆发力项目为主，如 50 米自由泳、50 米蝶泳和 100 米仰泳。

S6 级双下肢截肢：因双下肢缺失，没有出发优势，游泳时主要靠上肢发力，因此大部分运动员以 100 米、200 米和 400 米偏速度耐力和有氧耐力项目为主。（图 4–3）

就技术动作而言，每一个级别的技术动作和主要工作肌群不同，如 S6 级无双上肢的运动员主要肌群是躯干部和腿部肌群。相关人员研究显示，残疾人运动员在运动时根据身体形态、残疾类型、残疾分级和项目的不同特征，所消耗的能量比健全人运动员更多。S6 级无双上肢残疾人游泳运动员的技术特点比较特殊，如 100 米仰泳采取的游进技术为反蝶泳腿和仰泳腿的方式交替进行。交替打水外加一次海豚腿，弥补了无手臂划水的不足，提高了身体的位置。当身体的躯干、髋关节、膝关节、踝关节以及足尖连续鞭状完成打水动作时，就等于形成了一个完整、高效的动能传递过程，从而在加大向前的水平推进力的同时，又维持了残缺身体的动态平衡。在保持身体转动幅度较小、稳定性相对较高的技术特征前提下，下肢动作幅度相对较大，这样的技术会产生两大优势，一方面有利于保持其残疾身体的动态平衡，另一方面可以产生较大的推进力，因而游速较快。

S7 级残疾特征：运动员单臂缺失，双腿单腿膝关节以下缺失，部分运动员小腿肌肉萎缩或单腿肌群受伤。（图 4–4）

图 4–3 S6 级双下肢截肢游泳运动员训练

图 4–4 S7 级游泳运动员比赛

三、肢体残疾（S8~S10 级）运动员游泳时身体特点和技术侧重点

S8 级单侧上肢截肢：因单侧上肢缺失，游泳时主要靠对侧上肢、腰和下肢发力，但游进过程中因单侧肢体缺失容易造成偏移；以中长距离速度耐力项目为主，如 200 米混合泳和 400 米自由泳。（图 4–5）

S8 级单侧上肢肌肉萎缩：因单侧上肢肌力不足，游泳时主要靠对侧上肢、腰和下肢发力，但游进过程中因单侧手臂自然悬垂容易造成拖拽和偏移；以中长距离速度耐力项目为主，如 200 米混合泳和 400 米自由泳。

S8 级双下肢膝关节处截肢：因双小腿缺失，游泳时主要靠上肢和腰发力；以中长距离速度耐力项目为主，如 200 米混合泳和 400 米自由泳。（图 4–6）

图 4–5 S8 级左上肢截肢游泳运动员

图 4–6 S8 级双下肢膝关节处截肢游泳运动员

S8 级单臂运动员蝶泳技术动作和其他级别运动员蝶泳技术动作有一定差异，S8 级单臂运动员蝶泳采用的是同侧呼吸，在每次划水呼吸时允许患肢侧掉肩。但根据 2017 年国际残奥委会游泳项目委员会规定，S8 级单臂游泳运动员蝶泳技术对头部呼吸方向没有明确规定，但为保持身体平衡，运动员采用侧转头呼吸，左右两边肩膀在每一次呼吸时都应提出水面。

S8 级单臂运动员在仰泳时也可以采用直接打反蝶泳腿或者反蝶泳腿和仰泳腿交替进行。S8 级单臂肌肉萎缩的残疾人运动员在水中游进时，患肢放在身体侧面会造成很大的形态阻力；S8 级单侧手臂缺失的残疾人运动员，因一侧无肢，在每次划水推进过程中，会产生身体侧移，在侧移过程中，身体造成漩涡阻力，因此在游进中需要有更大的划水角度或者以侧身来补偿。脊柱损伤的运动员在游进过程中双下肢完全无法产生动力，反而会增加拖拽阻力，因此影响运动员的游速。

S8 级单臂运动员游进过程中因单侧缺失容易造成偏移。手臂入水和划水时恰好与完成海豚腿打水动作在同一时间段，这样就保证了身体在水中的平衡和补偿残缺手臂造成的水平推进力的缺失，使其推进力不只来源于单侧健全的手臂动作，还来源于腰、腹部协同下肢的打水动作。加大腿部垂直方向的动作幅度，帮助身体不断建立新的平衡，尤

其是着重加大同侧腿的动作幅度，这样做的好处是：有效地提高了身体向前上方运动的动量，自然也就增大了水平推进分力；借用同侧腿较大幅度的打水动作，形成更为合理的力偶，帮助身体绕纵轴向对侧转动，从而改变人体质量的分布，使重心投影点回到支撑面内，维持了身体重心的平衡，同时也为接下来的海豚腿打水动作做好了准备。

S9 级单侧下肢截肢：因单侧下肢缺失，游泳时主要靠上肢和腰发力；以中长距离速度耐力项目为主。

S9 级单侧上肢先天畸形：因单侧上肢畸形，肘关节处无法弯曲，游泳时主要靠对侧上肢、腰部和下肢发力；以短距离速度项目为主。

S9 级单侧上肢肘关节以下缺失：在自由泳过程中因患肢无手掌与前臂，游进过程中产生推进力不大，患肢又要配合肢体完成交替划水，在完成周期上费时间且效果不大，建议不动患肢，直接增加健肢的划水频率和幅度。如双下肢缺失，上肢单臂缺失运动员在游进过程中会产生由单侧划水造成的偏移（形态阻力），无双下肢配合上肢划水造成的侧移和拖拽阻力等；无双上肢、下肢单腿运动员在水中游进时因无双臂和单腿会产生形态阻力，而在游进过程中需要克服只有单边推进力产生的侧移。

S10 级：因残疾程度较低，其游泳时的技术侧重点与健全人相差不多。

第五章　残疾人游泳运动训练

第一节　残疾人游泳运动训练概述

残疾人运动训练是教练采用科学、系统和专门的训练手段或方法，以达到提高残疾人运动员的竞技能力和运动成绩的过程。残疾人运动员的竞技能力水平提高是运动训练的直接效果，以不断的竞赛为介质，残疾人运动员的竞技能力转为残疾人运动员运动成绩最终表现出来。残疾人运动训练和健全人运动训练的主要区别在于：残疾人运动员在进行训练时往往需要借助各种器械，并且对场地环境也有特殊的要求。因此，在进行残疾人运动员的训练时需要充分考虑场地、器械的适宜度。

从投入的时间和精力的角度看，运动训练是竞技体育最重要的组成部分，是竞技体育的核心部分和主体部分，是实现竞技体育目标的重要途径。要提高运动员的竞技能力和运动成绩，必须遵循客观训练规律，科学地制订运动训练计划并认真地贯彻执行，才能真正取得残疾人竞技体育比赛的成功。优秀的运动员选材是为运动训练做准备，竞赛则是检验运动训练的效果。运动员竞技能力水平的高低，除了取决于遗传因素、生活环境外，还受后天训练因素影响。而残疾人运动员在生理上具有缺陷，因此后天训练的弥补作用显得尤为关键。科学、刻苦的训练是残疾人运动员提高竞技能力最重要、最有效的途径。只有通过系统科学、刻苦的训练，运动员才能逐步提升水平从而产生训练效应，才能在复杂多变、竞争激烈的比赛中取得优异的成绩。一切运动训练都是为了竞技或者比赛而进行的。

相对健全游泳运动员，残疾人游泳运动员一般仅需要 5~7 年时间，运动成绩就可以达到国际领先水平，训练年限要短些。但是，目前我国很多残疾人运动员来自相对落后的地区，他们没有游泳基础，身体素质相对较差，需要教练手把手地从头教起，训练难度较大，教练要花费很多时间和心血。而且在我国，大部分赛事采用临赛前几个月组队、赛前集训的模式开展残疾人游泳训练，赛后运动员解散，运动员各自回到家乡，大部分省没有开展长期的、稳定的训练，也缺乏残疾人游泳训练的专门场地，残疾人运动员大半年时间无人管理、无计划训练，处于训练停滞期。由于训练时间短，技术规范程度不够，还未能根据残疾程度采取区别训练，缺乏找出运动员技术特点的训练，这对我国残疾人游泳运动员的培养、技术水平的提高造成了非常不利的影响。究其原因，主要是日常训练期间的费用较高，政府的补贴只能满足比赛期间的费用和临时集训费用，不能保证足够的经常性训练经费。残疾人游泳运动员日常训练时断时续，长期处于没有时间、场地和经费保证的状态，就谈不上长期、系统和科学的训练安排。所以，为确保长期系统的训练计划的实施，要多方筹措训练经费，国家及政府还应给予鼓励及适当的政策倾斜，在训练期间予以相应财政补贴，以保证训练的基本条件。只有这样才能确保我国残疾人游泳运动训练得以长期系统地进行，运动员的训练时间才能得以保证，运动水平和成绩才能稳步提高。

一切运动训练都是为竞赛服务的，没有竞赛就没有训练。运动竞赛是在统一竞赛规则的条件下，由裁判员组织进行的各队、各运动员之间的公平的较量，是检验训练效果的手段，更是实现竞技运动主要目标的重要途径。运动员的竞技能力只有通过竞赛形式才能表现出来，只有参加比赛才能体现储存于运动员体内的价值。残疾人运动员参加的游泳项目，由于分类和分级限制，和健全人的游泳竞赛比较，分类更为细致和复杂，组织竞赛的难度也增加了。

第二节 残疾人游泳运动训练的理论基础

一、有氧训练

运动员在进行长距离、低强度有氧训练时，不能满足比赛需要动用的肌纤维神经模式、技术和能量代谢的需要。大多数间歇训练被认为是无氧训练，如接近比赛速度持续训练等高强度训练。这种认识有一定局限性。间歇训练同样可以发展有氧供能系统，以较快速度（略低于比赛速度）和短暂间歇（5~15 秒）重复一定距离（50~200 米），身体在产生大量乳酸的同时有氧供能系统同样得到发展。这一理论对于很多厌倦枯燥持续训练的运动员是有益的，它可以保持运动员训练的积极性。目前没有证据证明间歇训练对肌肉适应的效果优于持续训练，但是两种训练方法对改变有氧耐力的效用系统的作用是一致的。

二、无氧训练

对于短距离项目，乳酸和氢离子堆积被认为是导致疲劳的主要原因。无氧训练、速度训练可提高运动员肌肉力量，同时肌肉耐受乳酸堆积的能力，即肌肉对乳酸缓冲的能力也有提高，肌肉对乳酸缓冲能力的提高可以推迟疲劳的出现。在短距离冲刺训练（以下简称“短冲训练”）后机体堆积更多的肌乳酸和血乳酸，在肌肉收缩能力受到限制前，机体保持在较长时间内持续释放能量的能力。

游泳有氧训练和无氧训练对骨骼肌都能产生效果。无氧训练能提高肌肉力量，提高肌肉对乳酸缓冲能力和糖酵解供能能力，但对肌肉有氧代谢能力没有效果。有氧训练可以提高肌肉呼吸能力和毛细血管数量，但对提高糖酵解供能和肌肉对乳酸缓冲能力没有效果，若仅进行有氧训练，肌肉爆发力可能下降，速度能力也会下降。

三、训练量

训练的目的是为比赛做准备，训练内容包括生理、心理和技术三个方面。除400米、800米和1500米项目外，多数游泳比赛项目在2分钟内完成，这类项目主要依靠无氧耐力，运动成绩受肌肉力量和爆发力影响。在专门性原则方面应强调短距离、快速重复练习。

游泳训练计划的制订应该考虑三个方面：一是提高运动员有氧和无氧耐力水平，二是提高肌肉力量和爆发力，三是培养高效技术。

运动员每天进行数小时训练对于短距离比赛很难产生所需的适应性，如果用大大低于比赛的速度进行长达3~4小时训练是不能让运动员在比赛中做到快速游进的。过长的训练时间很容易超出运动员生理和心理的承受能力，带来的更多是过度训练或慢性疲劳，训练计划要遵循循序渐进原则，不超过承受极限，要让运动员逐渐适应大运动量带给机体的刺激，而不是让机体承受大负荷，这对短距离成绩提高作用不大。训练不足是不需要担心的，较短时间的训练能提高训练质量，强化专项能力。

第三节 残疾人游泳运动训练的原则

一、竞技需要原则

成功地获取参赛资格并达成理想的比赛结果是残疾人竞技游泳的目标。因此，只有紧紧围绕着竞技需要，才能合理地安排训练内容和方法，才能有的放矢地选择训练手段、训练负荷和节奏。

不同的运动专项、残疾类型和残疾程度，要求运动员具有不同的运动能力结构。因此，必须全面深入地认识和了解残疾人运动员所从事的运动项目的竞技能力要求和结构特点，才能做到科学地选择与该专项竞技需要相符的训练手段和内容，准确地制订相对应的运动负荷方案，从而有效地组织运动训练活动。

以 S6 级无双上肢运动员 50 米蝶泳为例，完成时间在 30 秒左右，调动磷酸原供能系统。运动员全程只能依靠腰部和腿部发力，因此在日常训练中需要加强腰部与腿部爆发力的训练，当然还有专项速度爆发力与专项速度耐力的训练。

二、区别对待原则

区别对待原则（也称“个性化发展原则”）是我国竞技游泳运动训练的重要成功经验，要因时、因地、因人而定。由于年龄、性别、专项、残疾类型、残疾程度都存在各种差异，因此要“区别对待，量体裁衣”。特别对于残疾人运动员的日常训练来说，个性化训练不仅要根据运动员的个人特殊性来制订训练计划，训练方法、手段的选择也要相应多元化。因此，在监督和完成上更要求运动员的自觉性和教练的责任心。

在选择训练内容和手段时，要根据不同专项运动员的竞技能力，考虑不同因素的影响，注意不同项目专项竞技的特殊需要，有计划地实施区别对待原则。运动员的个人特点，包括残疾类型、残疾程度、年龄、身体素质、竞技水平及心理特点，都对训练的安排提出了不同的要求。

如 S5 级以下的重残运动员，陆上体能训练、心理训练都需要特别制订。因此在残疾人竞技游泳的训练过程中，很多训练计划需要个性化制订，甚至有的运动员需要专门人员随时跟随给予护理。

在同一个训练计划上，总量、强度、完成时间、效率都需要分出很多的档次，在陆上体能训练中更是多样，因此非常考验教练对运动员、训练场地和训练环境的综合考虑能力。

三、全面训练原则

全面训练原则是指选择全面系统的运动训练内容及方法手段，促进残疾人运动员身体的全面协调发展，有效提高残疾人运动员速度、耐力、力量、灵敏、协调、柔韧等身体素质的原则。从残疾人游泳运动训练的目的出发，根据不同类型残疾人的生理和心理特点，运动员应有针对性地进行全面训练，以促进身体的各项素质和各器官功能相对全面均衡的发展。

为使残疾人运动员全面发展，教练要系统地安排体能训练，训练计划必须多元化，例如要考虑到一个大周期中涉及的板块、中周期中需要发展的体能板块和小周期中集中突击或者发展的素质。例如以一年为一个大周期发展运动员柔韧性，教练需要考虑在每次训练前和训练后各安排 15 分钟柔韧练习，或者每周安排两次单独的专项柔韧练习等。

四、直观教练原则

直观教练原则是指针对视力残疾运动员之外的其他残疾人运动员，在运动训练中充分运用运动员的视觉器官功能，采用多种直观手段培养残疾人运动员的观察能力和思维能力，激发残疾人运动员活跃的形象思维，形成正确的动作表象，提高运动员竞技水平的原则。

除了视力残疾运动员，直观教练原则对于其他残疾人运动员来说显得尤为重要，因为他们有身体上的缺陷，不能以健全人一样的速度掌握复杂的技术动作，所以采用直观教练原则进行训练，所获的丰富信息会在很大程度上促进动作技能的形成。

教练以各级别优秀运动员展示动作、自身下水示范动作、代表性和知名运动员技术动作视频讲解等手段帮助运动员改进技术动作。对于听力残疾运动员，应在此基础上加上手语讲解，以便其更好地理解技术动作。

五、适宜场地、器械原则

不同于健全运动员，残疾人运动员由于特殊生理情况，他们对训练的环境也相应地提出了特殊的要求。不同残疾类型的运动员需要选择不同的运动场地及运动器械来辅助他们更好、更有效地从事专项训练，如果没有相应的场地、器械，将不利于残疾人运动员运动成绩的提高，甚至可能给运动员身体带来安全隐患。

根据训练场地、器械和运动员特殊性制订训练方法，对教练的创造性要求高。如单腿截肢运动员要求游泳场馆不宜太滑，因为他们在下水和起水前是跳跃准备的。有的单腿仰泳专项运动员为了更好地出发，需使用特制仰泳出发器（图 5–1）和起下水辅助器。重残无法控制双腿的运动员采用将浮力棒用弹力带绑于双腿中间的辅助方式。为了更好地帮助下肢残疾运动员游泳，瑞典发明了假肢游泳辅助器。

图 5–1 仰泳出发防滑器

六、适应性原则

适应性原则是指运动员在训练中发生生理、心理的改变，以适应当前的运动负荷的原则。运动员在训练中从一开始的不适应，到较以往需要更多力量、能量和化学物质等，迫使身体来满足需求，以达到新的平衡。训练开始时身体出现不适的过程为分解代谢，在身体充分休息，组织自行修复重建，并补充了足够的营养物质后，身体会较以往更强壮，这个修复和重建的过程是合成代谢。训练应让分解、合成保持平衡以不断达到新的适应要求。适度训练为身体适应性创造需求，为组织生长修复提供营养和休息。

身体内不同物质的适应时间不一致，乳酸消除能力，坚持训练 5~7 天就有变化，肌肉内部及周边的改变需要 6 周以上才有变化。教练应掌握分解代谢与组织自我修复平衡的规律，避免过度训练造成运动员身体之前获得的适应性消失。运动员在训练后完成了适应过程，现有训练程度仅维持运动员成绩，想提高成绩就需要增加训练持续时间和强度，以创造新的适应。

七、超负荷原则

训练对身体某个生理机能要求高于平常水平，身体会发生适应，人体对身体系统要求高于平常水平，这部分身体系统就处于超负荷状态。超量的负荷不能超过生理系统所能承受的水平过大，否则会导致过度训练，过度训练会导致机体组织损伤，身体会强制中断运动员训练并进行自我保护和自我修复。

八、循序渐进原则

循序渐进原则指的是残疾人运动员在进行训练时的训练内容、方法和负荷的安排要系统，并逐步提高。这是根据残疾人机能适应规律、动作技能形成的规律、人的认识规律和超负荷原则提出来的。训练负荷须超过生理系统能承载的上限，当身体系统适应了训练负荷，为提高运动能力就需要身体进一步适应。持续提高训练强度和时间的系统过程须遵循的原则即循序渐进原则。

有氧训练应遵从循序渐进原则，运动员在有氧耐力和生理机能提升的同时，还应提升距离、游速，或减少间歇时间，每次超过运动量的尺度比例是保证训练有效的关键。不能强制提高运动员的有氧耐力，只有当运动员表现出有氧耐力已经达到一定水平，不会造成额外压力时才能给运动员提高训练负荷，让乳酸产生和消除过程取得平衡，有氧耐力才能得到改善。

但训练也要注意，运动员提升冲刺速度能力必须用强制方法，逐步提高训练量和强度以达到冲刺速度提升的目的。提高肌肉乳酸耐受程度和对乳酸的缓冲能力，须用强制手段，如游得更快或减少间歇时间等，让运动员挑战极限。

九、专项化原则

运动员在训练中产生生理性适应，生理性适应只会在训练过程中受到刺激的组织、器官上发生。如运动员身体核心控制能力差，可以专门进行核心力量及控制能力的练习。专项训练的目的是使运动员在比赛中使用的器官、骨骼和肌肉，在平常训练中得到有效锻炼。因此，教练考量专项训练时应注意游泳项目特点及运动员的比赛泳式、比赛速度、需要被强化的系统及恢复状况等。

专项训练需要注意以下方面。游泳陆上训练也能改善心脏和循环系统，但有些与游泳运动相关的肌肉需要在水中训练，是不能被陆上训练替代的，因此，陆上训练只能是水中训练的辅助练习手段。水中训练要注意对泳式转换的练习，不同泳式对于肌肉的刺激不同，不同主项运动员会采用大量自由泳训练，以提高冲刺和耐力训练效果。主项不要过度训练，应留有足够修复时间，让肌纤维收缩的神经传导能量不会过度消耗。在距离上也应当考虑不同供能系统（磷酸原系统、糖酵解系统和有氧氧化系统）过度消耗问题。应采用不同游速的专项训练，如过多强调速度训练或方法错误，会导致无氧供能的短距离成绩不理想，反而在有氧供能的长距离取得好成绩。

有教练认为，残疾人游泳运动员身体条件不同，选择训练量、训练强度和级别时都应慎重考虑，否则过度的训练量与强度安排只能适得其反。运动员应按照级别高低、速度快慢和技术好坏分组，级别最轻、技术最好、速度最快的作为领头，这样可以营造良好的训练气氛；在陆上体能训练的安排上，亦按照好、中、差的级别分组，其次是内容安排。陆上体能训练安排中应遵循循序渐进原则，强度不宜过高，量不宜过大，按照周期训练安排严格执行。

如 24 周训练周期，建议前 12 周进行多种泳式混合训练，后 12 周重点进行主项训练（占运动量的 60%~70%），这样可以打下坚实的基础，为后面专项训练做准备。专项训练使身体产生足够的适应，又避免训练时间过长导致过度训练和错误训练。主项训练应该涉及不同能力系统，在短冲训练和耐力训练里面都有主项的比例，这样肌肉的有氧耐力和无氧耐力都能得到提高。

十、可逆性原则

缺少训练，身体适应性会倒退，一般训练停止 1~2 周会发生倒退。若训练强度不变，训练量减少 1/3 或 1/2，训练效果可以保持较长时间；若训练强度降低，适应性会很快下降。停训 4~12 周后，有氧适应性降低 15%~20%，无氧适应性降低 18%~50%，耐力下降 40%，速度下降 14%~30%。停训 2~4 周，关节灵活性就会散失。运动员恢复训练后，游泳爆发力需要很长时间才能重获，耐力一般 3 个月训练可恢复。成绩下降与身体机能下滑有关，训练缺乏使得运送到肌肉中的氧减少，乳酸消除能力下降，最大摄氧量降低，身体酸中毒，降低运动员速度。所以运动员的训练不能间断，中断训练会散失来之不易的训练成果，要重获之前成果需要付出更多努力。尤其对于高水平运动员，生理机能层次较高，停训散失较低水平运动员快得多。运动员训练 8~12 周成绩会有显著提高，后期成绩提升减慢，教练需要注意运动员对倦怠情绪的克服。

第四节　残疾人游泳运动训练的方法和手段

一、残疾人游泳训练方法

运动训练方法是在训练活动中，提高竞技运动水平、完成训练任务的办法。在残疾人运动员的游泳训练中，教练需要结合他们的生理和心理特点来选择合适的训练方法，同时也要正确地掌握科学的训练方法，认识不同训练方法的功能和特点，才能顺利地完成不同时期的运动训练任务，有助于有效地控制各种竞技能力的发展进程，有助于科学系统地提高不同游泳项目、不同残疾类型和程度的运动员的整体竞技能力。

残疾人游泳训练的方法是多种多样的，其构成要素的组合变化，必将产生多种具有不同功能作用的训练方法。本节主要介绍几种适合残疾人游泳训练实际操作的训练方法。

（一）分解训练法

分解训练法是指在运动训练中，为使复杂的完整技术动作或者战术配合过程更容易被运动员学习和掌握，将这些复杂动作或过程科学地分成几个独立部分来进行的训练方法。这种训练方法针对性强，有利于运动员对技术动作的掌握，符合循序渐进的训练原则。分解训练法要针对不同残疾人运动员的训练情况和项目情况，使其精力相对集中地分别完成某几个环节的技术动作，着重加强主要技术动作和战术环节配合的训练，从而获得高效益的训练结果。对于残疾人运动员来说，由于身体的缺陷，他们在进行技术或战术训练时往往需要分解练习，以达到事半功倍的效果。

蝶泳的分解训练法：①让运动员做陆上蝶泳模仿练习，以记住蝶泳动作流程；②让运动员做腿部与腰部的蝶泳腿模仿练习，包括前摆式与后摆式；③水中海豚腰练习，双手置于体侧，在水中憋气打蝶泳腿，要求臀部尽量用力上翘，上翘时双腿在大腿带动小腿的情况下下压，这时保持双腿、双脚并拢；④夹板蝶泳划手单边换气模仿练习（或夹板完整蝶泳划手练习），要求“两划一呼吸”；⑤完整技术练习，把之前学习的动作完整运用到蝶泳中，通过不断练习加强熟悉度。

出发的分解训练法：①让运动员做表象训练；②做前倾式入水练习，要求头先入水，避免胸部、躯干部位和腿部入水；③慢慢加高出发台，让运动员把所有动作完整做完。双下肢截肢的残疾人游泳运动员的跳台出发分解训练，如图 5-2 所示。

图 5-2 跳台出发分解训练

（二）重复训练法

重复训练法是指运动员多次重复做同样形式的一个练习，并且两次练习之间的休息时间比较充分的训练方法。

重复训练法通过不断重复同样的训练内容，不断强化大脑的条件反射过程，有利于掌握和巩固技术动作；同时，给身体同样的刺激，可提高机体的适应能力，有利于发展和提高身体素质。构成重复训练法的主要因素有：负荷量、负荷时间、负荷密度（即休息时间的长短）等。休息的主要形式为静止、肌肉按摩或散步等。重复训练法的运用在健全人和残疾人运动员之间没有本质的区别。

（三）间歇训练法

间歇训练法和重复训练法基本一致，最大的区别在于间歇时间的控制。间歇训练法是指对练习之间的休息时间进行严格控制，在机体处于没完全恢复的情况下迅速开始下一组的训练方法。严格控制练习之间休息时间的训练，能明显增强运动员的心脏功能；再调节运动负荷的强度，可使机体各机能产生与专项相匹配的能力。间歇训练法可让运动员在高强度的比赛中稳定发挥技术动作，通过较高的心率刺激，提高肌肉抗乳酸能力，保证运动员在长时间的运动中保持较高水平。

（四）变换训练法

变换训练法是指采用变换训练内容、运动形式、训练负荷或变换训练条件等方法，来改变单调的训练节奏，提高训练趣味性，以提高运动员训练的积极性及应变能力的训练方法。变换训练法是针对实际比赛过程的复杂性、对抗程度的激烈性、运动技术和战术的快速变异性等特性提出来的一种训练方法。残疾人运动员在训练中通过变换训练负荷量和强度，可使机体产生与专项相匹配的适应性变化，从而提高承受比赛时不同负荷的能力；变换训练内容可使运动员均衡地提升体能、技能、战术等素质，更加接近比赛时的需要，并提高实际运用的能力。

变换训练法可分为形式变换、内容变换和负荷变换等。

根据形式变换训练法：例如长期训练后适当安排一次水球比赛，或者安排一次接力赛作为调整。

根据内容变换训练法：在一定训练计划中安排一些有趣或者有利于提高积极性的计划。例如安排运动员戴脚蹼、手蹼进行短距离冲刺，其中包含了分解技术动作练习、水中力量练习、水中搬运练习等内容。

根据负荷变换训练法，在一定强度下安排变速、百分比变速、渐强负荷和渐弱负荷等变换训练。

另外，还有混合了三种形式的综合变换训练法。

（五）比赛训练法

残疾人运动员一般心理上处于弱势的地位，对于紧张激烈比赛的承受能力相对较弱，因此有必要采用比赛训练法，提高他们的心理应对能力。比赛训练法是指将残疾人运动员放在模拟或者真实的比赛条件下，按照参赛项目的比赛规则和程序来组织开展训练的方法。比赛训练法切合运动训练的目的，是根据人类先天的竞争意识和表现意识、竞技能力的形成规律和过程、比赛规则及赛场气氛提出的一种训练方法。对于残疾人运动员来说，比赛训练法可以更直观地强化他们的比赛意识以及技术、战术的运用能力，有助于运动员全面并综合地提高专项比赛所需要的体能、技术、战术、心理、智力等各种竞技能力。采用此方法，在训练的过程中可使运动员产生极强的竞争意识，更好地挖掘运动员潜力，产生与重大比赛相适应的最佳竞技状态。

例如，教练设定2~3个比赛项目的超高强度模拟，在每个项目中间休息15~20分钟，以此深层刺激运动员生理与心理的承受能力；或组织队内正规测验，一切秩序与项目编排与正规比赛相同，设置裁判组、观众、休息区等。

二、残疾人游泳训练手段

运动训练手段是指在运动训练过程中，以提高某一竞技能力、完成某个具体的训练任务所采用的身体练习，是具体的有目的的身体活动方式，是训练方法的操作体现。

在游泳训练活动中，教练采用适当的训练手段，安排运动员通过这一具体的训练过程去完成训练任务，提高某一竞技能力。不同的训练手段具有不同的功效和特点，能满足不同残疾类型运动员的需要，也可在训练的不同时期，根据运动员的不同状态来选择适合的训练手段，有助于科学地提高各种竞技能力。

游泳训练手段是多种多样的，在此以动作结构特点为依据，对残疾人游泳运动员的训练手段进行分类。

（一）周期性单一训练手段

周期性单一训练手段是指周期性地重复进行单一结构动作的身体练习。该类练习动作结构相对简单,动作环节相对较少,练习者比较容易掌握训练中的重点环节并加以强化。对于肢体残疾运动员采用局部的周期性练习，例如卧推杠铃练习等。对于其他类型残疾的运动员可以采用全身加局部的周期性练习，例如各种距离、强度、形式的游泳练习等。

运动员技术动作不佳，可在日常训练中安排技术动作模拟训练；运动员手腕抓水能力弱，可特意安排运动员单一练习手腕力量。

（二）混合性多元训练手段

混合性多元训练手段是指将几种单一结构的动作组合在一起进行的身体练习。该类练习较周期性单一练习手段动作结构复杂，动作环节多，因此有利于形成复杂的大脑反射网和复杂的动作神经联系，提高运动员的协调、灵活能力，这对于残疾人运动员来说是至关重要的。混合性多元训练手段是游泳的主要训练手段。

在日常训练中，经常使用混合性多元训练手段。如陆上力量训练，有综合器械、核心力量和专项力量等的循环训练法；在水中，有多重训练手段合并，例如将 400 米拆分为短距离快慢速度、爆发力、阻力、快速转身和蹬边等练习。水中混合性多元训练手段举例：每次蹬边做好伸展动作的同时，要求 3~4 次快速水下蝶泳，出水后憋气完成 3~4 次动作，25 米速度 +25 米放松，可以包括四种姿势的变换，如 25 米仰泳 +25 米蛙泳、25 米自由泳 +25 米蝶泳等，在 25 米变换姿势和速度过程中，可加入海绵阻力加以干预，并在每一次快到池边时加一个速度加转身再快速冲刺。

三、运用各种训练方法和手段时的注意事项

（一）个性化训练设计

对于残疾人游泳运动员来说，特别需要个性化训练手段来进行针对性训练。有的级别非常特别，需要为运动员单独设计训练计划、训练装备、训练方法、训练手段和单独的陪护人员。如单侧下肢残疾运动员，无论下水、起水、穿戴特殊游泳设备、洗澡、穿衣等，都需要独特设计。

（二）注重辅助训练

要针对不同类型残疾人运动员的特点，确定和选择不同的训练方法和手段，像盲人跳远、跑步运动员，需要在跑进方向上用声响引导等辅助手段。我国著名运动训练专家田麦久教授在谈到自己指导盲人跳远运动员训练时曾说：“为了让他们能够理解和掌握

起跳技术、找准踏跳区域，我尝试着采用了触觉教学法，就是我摆好起跳动作，让他们用手来摸我的动作外形，同时通过讲解让他们把触觉感受与思维的认知结合起来。”其实这也是一种触觉直观训练法。训练中信息传递方式的确定，要考虑运动员不同的残疾部位，从而针对性地采取声音、手势等辅助方法。作为聋哑运动员的教练和相关工作人员，掌握一定的哑语是非常有必要的。比起健全运动员，残疾人运动员由于自身特殊性，更需要辅助训练法来实现更好的训练。

辅助训练法，应根据不同残疾类别运动员做出相应调整。

盲人游泳运动员的辅助训练，需要用“触觉教学法”帮助运动员理解动作。在训练过程中为了实现和比赛相结合，在转身和触壁过程中需教练用提示棒在一定范围内给予提示。因此在日常训练中须注重教练与运动员之间的配合与默契的培养。（图 5–3）

在盲人游泳训练中，为减小运动员到边和转身时触壁冲击力给头部造成受伤，有公司研制了一种游泳运动时带有提示作用的仪器——Blind Cap 智能泳帽，教练可以通过 APP 来控制泳帽，运动员快要到岸时，泳帽会发出震动提醒运动员做准备。

肢体残疾运动员的辅助训练，例如无双上肢残疾人运动员在出发时需要教练的辅助才能完成。（图 5–4）

图 5–3 触觉教学法

图 5–4 教练辅助出发

重度残疾人运动员的辅助训练，例如双下肢瘫痪运动员可采用绑有橡皮筋的浮板增加浮力。

（三）训练、比赛场地要适宜

作为残疾人运动员训练使用的场地，既要考虑符合残疾人运动员训练的特点，也要考虑方便和快捷，比如场地进出通道，要设有轮椅通道和盲人专用道。第七届全国残运会的主会场外的广场设计有盲道，体育馆入口处两侧设计了轮椅通道，场内还有 9 部升降梯，其中几部可与汽车直接对接。承接该运动会的其他几个体育场馆也进行了无障碍设施建设，电梯、扶手、卫生间等设施都设置有盲文。无障碍设施对残疾人运动员非常重要，卫生间要增设防滑垫和供重残运动员使用的扶手。

（四）特殊器械设计

残疾人竞技体育所使用的器械，要根据不同的运动项目和要求，结合考虑运动员特点进行设计，如运动轮椅、运动假肢、举重支架、射击支架、盲人运动员的全盲游泳镜、提示盲人转身和触壁的提示棒（由鱼竿和网球制成）、供双上肢截肢运动员仰泳出发的毛巾（面巾）等。特殊器械的设计对于运动员来说是为达到更安全的训练条件和达到更好的训练效果。比如力量练习器，其结构设计要分别考虑上肢残疾和下肢残疾，以及左右侧的残疾等。（图 5–5、图 5–6）

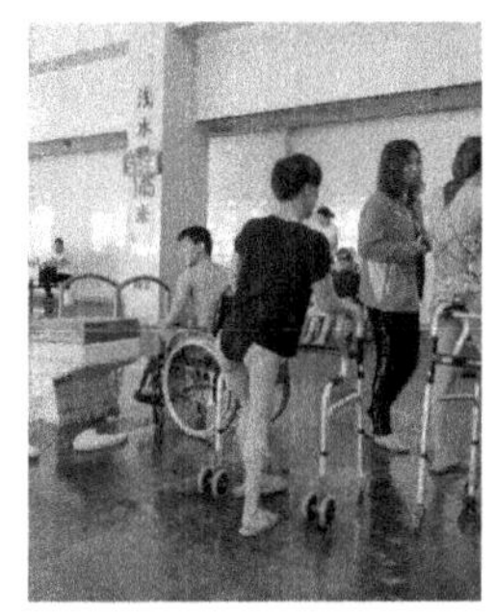

图 5–5 辅助器材

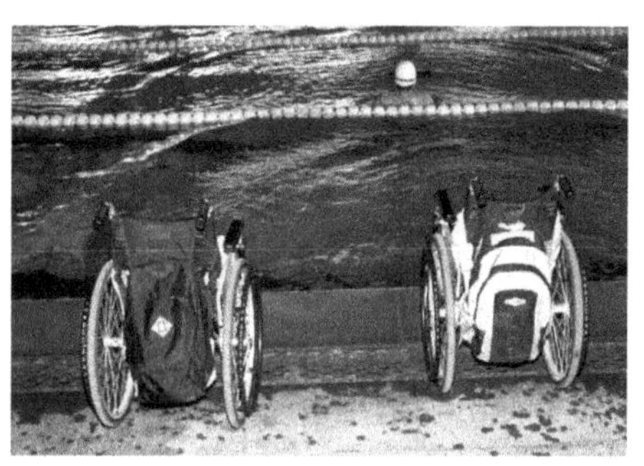

图 5–6 轮椅

总的来说，由于肢体的残疾使得残疾人运动员身体素质的训练和运动技能的掌握都较健全人困难得多。因此，在训练中要从身体训练和心理训练两方面入手。在身体训练中特别要注意身体协调能力和平衡能力的训练，摸索出适合不同级别残疾人运动员的训练方法。在心理训练方面应注意增强运动员的意志、信念。同时，在平时的训练中，特别要注意安排一些机动性的训练任务，以考验其耐力与毅力。这种长期的刻苦训练会培养运动员良好的意志品质，为取得优异的成绩奠定基础。

第五节　不同级别残疾人游泳运动训练方法介绍

一、肢体残疾（S1~S5 级）训练方法选择

S1~S2 级，水中完成训练。

S3~S4 级，根据运动员残疾部位不同，完成躯干平衡训练、皮筋拉力或小哑铃的专项练习。

S5 级脊柱损伤运动员发展核心力量素质训练内容：仰卧起坐 6 × 30 次（正反面）、

收腹抬腿 6×20 次等，强度在 65%~85%。

二、肢体残疾（S6~S7 级）训练方法选择

S6~S7 级，发展 50~100 米自由泳最大速度的训练内容，可根据不同距离完成 2×100 米自由泳冲刺、4×50 米自由泳冲刺、12×25 米自由泳冲刺、16×15 米自由泳冲刺和带出发 8×15 米自由泳冲刺等，强度要求 100%，完成后心率达到最大值。可根据不同要求穿戴手蹼、脚蹼，穿鞋子、衣服、“工”字板和戴阻力牵引完成以上赛程，或不穿戴任何器械，以比赛的节奏带快速出发转身和触壁完成以上赛程等，要求以最大速度完成，充分休息，使机体恢复至最佳状态。

S6 级无双下肢的运动员因长期耐力训练导致的肩部疼痛，可以适当安排水中水感练习，以替代重复枯燥的游泳耐力训练，既训练了水感，又练习了关节稳定性和小肌肉群力量。

三、肢体残疾（S8~S9 级）训练方法选择

（一）优化训练方法与手段

S8 级单臂运动员因长期过度训练会造成肩袖稳定性问题，在康复性训练中应安排更多腿部的练习代偿手部的过度练习。

专项体能训练的优化研究，要特别加强残疾人康复性体能训练的研究。如 S8 级单臂运动员需加强身体核心训练，S9 级单腿运动员需加强身体核心力量训练。康复性训练主要进行促进身体双侧平衡的练习。

图 5-7 至图 5-15 是针对 S8 级单臂运动员制定的优化训练，为了避免长时间单臂支撑造成脊柱侧弯，在日常训练中应考虑使用短泡沫轴支撑缺失手臂侧，使之达到平衡的效果。

图 5-7 为平板支撑，使用短泡沫轴支撑在缺失侧，做平板支撑 40~60 秒。图 5-8 和图 5-9 为侧面支撑，可使用短泡沫轴支撑在缺失侧，做侧面支撑 40~60 秒，然后用健全侧手臂做侧面支撑 40~60 秒，两侧都要练习。

图 5-7 平板支撑

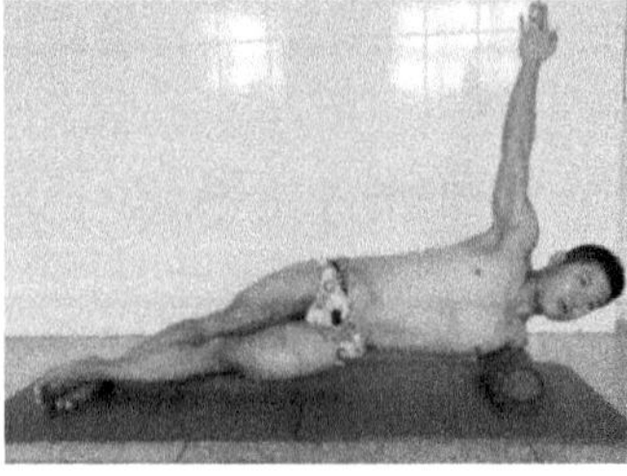

图 5-8 侧面支撑（1）

图 5-9 侧面支撑（2）

图 5-10 为背面支撑，缺失手臂一侧支撑在泡沫轴上，脚与肩呈两点支撑，持续时间

40~60 秒。图 5-11 为背面支撑，屈膝，臀部抬起，脚与肩背部分呈两点支撑，持续 40~60 秒。图 5-12 为单腿站立飞燕式练习，以左臂缺失为例，建议更多地练习左腿站立，这样可以帮助强化右侧腰大肌。

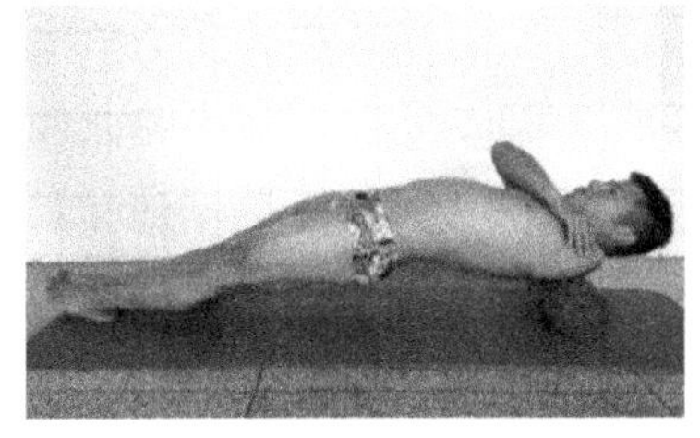

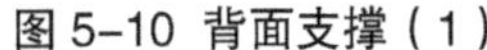
图 5-10 背面支撑（1）

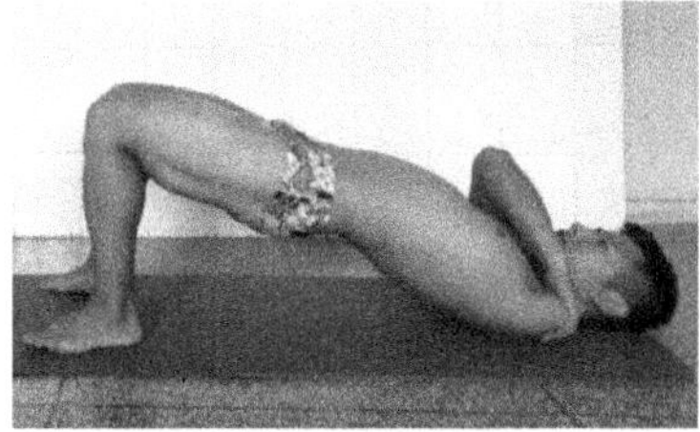
图 5-11 背面支撑（2）

图 5-12 单腿站立飞燕式

图 5-13 为单膝跪撑，健全手臂一侧支撑在瑜伽垫上，单膝跪地支撑，另一侧腿后举，持续时间 40~60 秒。图 5-14 为俯卧两头起，健全手臂上举，同时两腿并拢后举，使腰部、臀部肌肉收紧，持续 40~60 秒。图 5-15 为侧卧上抬腿，使臀中肌、臀小肌收紧，持续 20~40 次。

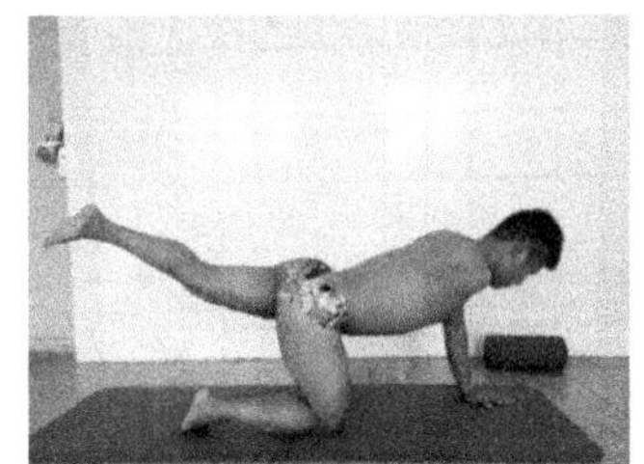
图 5-13 单膝跪撑

图 5-14 俯卧两头起

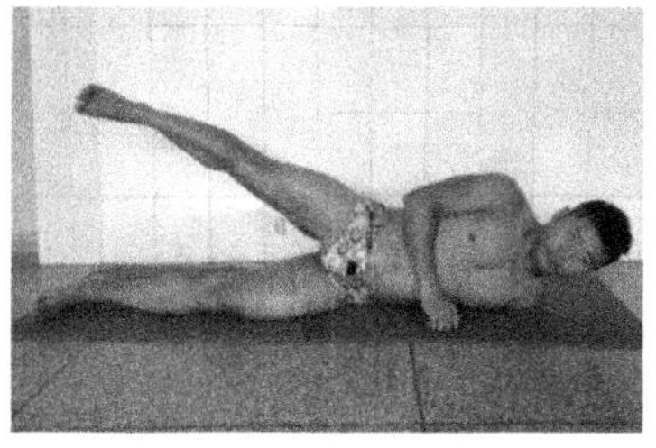
图 5-15 侧卧上抬腿

图 5-16 至图 5-18 为针对 S9 级单腿运动员制定的优化训练。图 5-16 为平板支撑，患肢支撑于哑铃上做平板支撑，持续时间 40~60 秒。图 5-17 为患肢侧面支撑，右手上抬，持续 40~60 秒。图 5-18 为背面支撑，患肢支撑于哑铃上，持续 40~60 秒。

图 5-16 平板支撑

图 5-17 侧面支撑

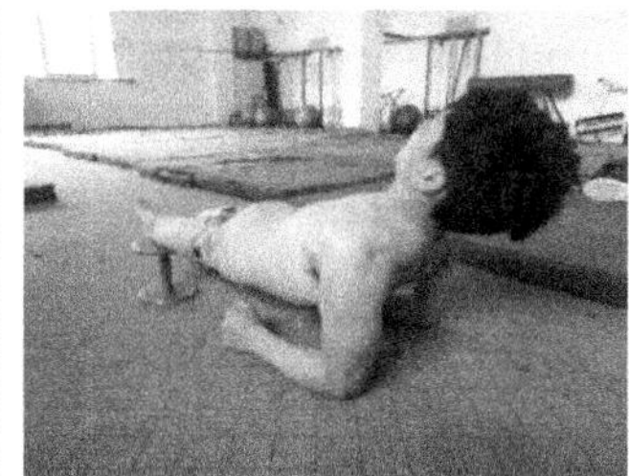
图 5-18 背面支撑

（二）核心力量训练——吊绳类训练方法

图 5-19 至图 5-24 为 S8 级单臂运动员用吊绳发展正面、双侧面和背面核心稳定性的

练习。图 5-19 为平板支撑，俯卧于瑜伽垫上，双脚脚掌置于吊绳环内，单手手掌支撑，另一侧采用平板卧推凳形成四点支撑，使身体悬空，核心收紧，持续 1~2 分钟，或做上肢支撑俯卧收腹练习，连续做 20~30 个；然后如图 5-20，在支撑时双腿做外展和内收（合拢）的动作，连续做 20~30 个。图 5-21 为背面支撑，双脚置于吊绳内，背或头部支撑于平板卧推凳上形成三点支撑，使身体悬空，持续 1~2 分钟；或如图 5-22 所示，双腿小腿后伸再还原，后伸时保持髋部与身体平行，连续做 20~30 个。图 5-23 是在图 5-21 的基础上双腿做外展和内收的动作，连续做 20~30 个。 图 5-24 为侧面支撑，保持核心收紧，使身体核心部与腿部悬空，持续 1~2 分钟。

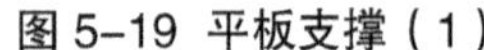

图 5-19 平板支撑（1）

图 5-20 平板支撑 （2）

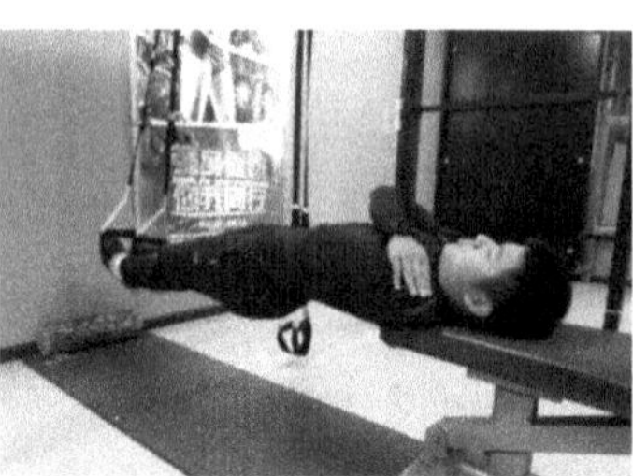

图 5-21 背面支撑（1）

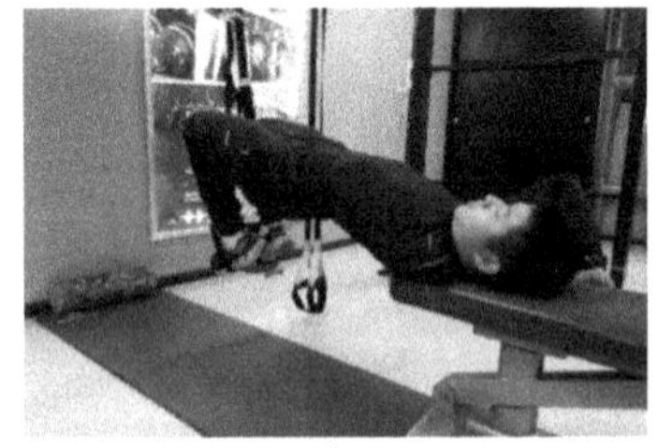

图 5-22 背面支撑（2）

图 5-23 背面支撑 （3）

图 5-24 侧面支撑

四、听力残疾 15 级训练方法选择

听力残疾人因为缺乏或丧失听力，他们交往不是靠听觉器官和有声语言，而是靠肢体语言。他们形象思维非常发达，逻辑思维受影响。听力残疾人的视觉非常敏锐，对事物形象方面的想象力丰富，学习动作的能力优于健全人。听力残疾运动员训练方法与健全人一致。

五、智力残疾 14 级训练方法选择

智力残疾运动员在学习技术动作时，应先提高大脑反射弧功能，提高中枢接收、处理、储存、输出信息的能力，逐渐提高自控能力。

陆上训练：陆上动力定型建立条件反射再进入水中游进，否则，水中训练讲解无法交流；教练可握住运动员手臂辅助其重复模仿正确动作；陆上力量练习在教练监督下与

健全人一致。

水中训练以多次重复练习为主。智力残疾运动员由于智力局限，对不同强度的训练无法理解，在训练中只能执行匀速游进，但运动员总能尽全力游进，在不断练习中慢慢提高水平。

六、视力残疾全盲 11 级训练方法选择

盲人由于视力残疾，尤其先天视力残疾，会使他们缺乏视觉空间概念，没有视觉形象认知，没有对动作的完整图像概念；而另一方面，由于没有视觉信息的干扰，容易形成爱思考和善于思考的习惯，抽象思维和逻辑思维较发达，触觉、身体感觉也较健全人发达，对于动作感觉更敏锐。利用 5 米皮筋对其进行拉力提醒，可以保证途中全力游进，在触碰后起到提示作用。

动作练习必须由教练扶手辅助，模仿练习学会动作细节，提高动作质量，建立方向感。用手蹼、脚蹼等让运动员体会速度感和划水频率，10 个动作为一组，时间不断提升。到边练习中与教练身体接触的默契配合很重要，需要考虑运动员臂长、敲击肩部动作、几米开始敲击、敲击用力程度等。比赛期间，辅助人员与运动员多配合提升默契。

游进时以不同节奏、划频练习，在 5 米处拉皮筋，通过长期训练建立条件反射，并与助教敲头提示建立依赖感。

力量素质练习与健全人一致。

第六章　残疾人游泳运动体能训练

第一节　残疾人游泳运动体能训练概述

一、残疾人游泳运动体能训练意义及方向

陆上体能训练是残疾人游泳运动体能训练中很重要的训练方式。陆上体能训练可以使不同类型残疾人的机体健康水平得以全面提高，并能积极、科学、有针对性地提高机体康复能力。合理的陆上体能训练可以作为残疾人游泳运动员专项能力水中基础性练习手段的有效补充，也是对残疾人游泳运动员整体训练计划目标要求的完善和补充。残疾人运动员在水中训练的方式方法较健全人的限制更多，陆上体育多项目交叉、丰富多样的训练可以有效刺激残疾人运动员的训练动机，使运动员身体素质和机能得以全面提高。

游泳运动员在游进中无固定支撑，这对身体协调能力和控制身体稳定的能力要求很高，而残疾人运动员由于身体某部位的伤残，在水中游进时较健全人更多地考验用各泳式动作游进时的平衡能力。陆上项目训练手段合理利用到游泳运动中是目前游泳运动体能训练的趋势，将陆上各类项目体能训练与游泳自身特点需求结合，游泳运动在水中不便训练的特质可以充分利用陆上训练给予解决。在众多陆上项目中，选择训练性质接近水中运动员技能需求的项目作为陆上体能训练手段，可以让游泳运动陆上体能训练有更多变、灵活、高效的训练手段，如将田径爆发力训练方法、拳击协调性练习运用到游泳运动陆上体能训练中。

二、目前残疾人游泳运动体能训练存在的问题

（一）缺乏康复性训练

虽然残疾人游泳运动的专项体能训练已形成体系，但依然存在客观不足，没有形成一套康复理论体系，日常体能训练只是注重训练内容而忽略了其中存在的不足。例如运动员在训练过程中因过度使用健全侧肢体易导致运动劳损，许多运动员因为缺乏康复性与功能性训练导致带伤训练。

（二）缺乏针对性核心稳定性训练

对于S8级单臂缺失、单臂肌肉萎缩，S9级单腿缺失，S4级单侧手腿缺失等运动员来说，长时间的单侧训练非常容易导致单侧肌肉过度发达，身体双侧肌肉得不到互补，产生机体疲劳和身体形态的改变，造成永久性伤害。

（三）缺乏小肌肉群与关节稳定性训练

研究发现，绝大部分残疾人游泳运动员不重视小肌肉群与关节稳定性训练。该训练对健全运动员重要，对残疾人运动员更加重要，因为残疾人运动员为维持身体平衡付出的体能是健全人的2~3倍，所以维持更多体能的关键在于小肌肉群的力量，特别是局部小肌肉群的协同发力与各关节之间的稳定性。

（四）柔韧素质训练不足

通过对残疾人游泳运动员训练状况的研究，发现运动员大多忽略了运动前与运动后的柔韧素质训练，也缺乏对柔韧素质的了解和更深层次的认知。对于柔韧素质训练，运动员普遍只是草草了事，对此不重视，特别是肩部、髋部、膝部和踝部的柔韧素质训练。

（五）缺乏针对性体能评估

专项体能训练的目的和任务是让运动员适应比赛项目，而过度的体能训练容易造成运动员损伤。专项体能素质的评估能够为运动员做一个纵向对比，特别是柔韧度、关节活动度和肌力等，再根据评估结果对运动员进行纵向对比分析。

（六）教练专项体能训练的理论知识更新不及时

残疾人游泳教练经过多年的训练，掌握了宝贵的针对不同残疾类别、残疾程度的训练内容、方法和手段，但在体能训练不断更新、介入的今天，游泳运动的体能训练理论知识已经明显跟不上时代的潮流和国际的发展。因此，残疾人游泳教练的体能训练理论知识的更新是必要的。

第二节 残疾人游泳运动体能训练方法与手段

一、力量素质训练

力量素质是指人体的肌肉系统在克服或对抗外来阻力时产生的反作用力，它是肌肉产生运动的原动力，用来衡量克服或对抗外来阻力的能力，是很多技战术的基础。

力量素质训练的方法有很多，如动力性等长收缩训练、静力性等长收缩训练、等动收缩训练及超等长收缩训练等。主要训练手段有负重抗阻力练习、对抗性练习、利用力量训练器械练习、克服外部环境阻力练习、克服自身阻力练习。另外，对于残疾人运动员，电刺激是一个重要的训练手段，因为这种方法不需要在运动中进行，只需要将电极置于肌内的起止点即可，这就为某些残疾人运动员不便于某种体位的力量训练提供了可能。

（一）游泳项目力量素质训练的特殊性

运动中力量传导以运动链方式进行。游泳作为一个全身参与的运动项目，它的技术动作需要身体和上下肢同时运动，为保持良好的游进效率需全身骨骼肌协调配合以确保各部位准确运动，力量由上肢经躯干最后传递到脚最远端的运动链，身体动作和力量的运动链传导的各环节强度决定整条链的强度，薄弱部分会导致力量传导受损，产生不协调动作和运动损伤风险。

游泳的技术动作都要在水中无固定支撑完成，游进时运动技术的稳定源于身体核心力量，如背阔肌等在蝶泳、仰泳、蛙泳和自由泳动作中起推进移动手臂的作用，腹部的核心肌群用以维持身体稳定。长时间游泳训练的重复性会导致运动员肌肉不平衡发展，如用来稳定肩关节的小肌肉群较胸大肌和背阔肌弱很多，下肢股四头肌和屈髋肌较腘绳肌和臀肌发达，肌群不均衡发展对平衡性及柔韧性有影响，最终成绩不提升，损伤易发生。

（二）力量素质训练的方法与手段

力量素质可以分为一般力量和专项力量。一般力量是人体在做基本运动时克服外界阻力的能力，是运动的基础。专项力量是运动员身体在做与专项有关动作时，运动部位肌肉系统克服自身阻力和外界环境阻力的能力。专项力量素质在游泳项目中扮演重中之重的角色，游泳运动员成绩的提高，专项力量是基础。专项力量的好坏直接影响成绩，运动员想要获得好成绩，游得更快、更稳、更流畅，首先要有强有力的上肢力量、躯干力量和下肢力量，其次是技术动作结构与完成动作的主要发力肌群结合用力，才能提高游速，达到最佳效果。因此，提高运动员专项力量是必须的。对于残疾人游泳运动员来说，力量更加重要，特别是专项力量。（表 6-1）

表 6–1 力量素质训练内容、方法与手段

内容	一般力量		专项力量		强度
	陆上	水中	陆上	水中	
上肢力量	4×20 次俯卧撑、引体向上	手蹼	4×20 次铁片拉力、橡皮拉力	大手蹼	65%~85%
	4×20 次哑铃卧推、瑜伽弹力带	手蹼	4×20 次等动拉力、飞鸟拉力	小手蹼	65%~85%
	4×20 次哑铃四种姿势模仿	手蹼	4×20 次坐式下拉、轮滑拉力	戴手套	65%~85%
躯干力量	4×30 次仰卧起坐、斜板卷腹		“工”字板、平板支撑、臀桥、博速球		65%~85%
	4~5 组 ×30 次收腹抬腿		4~5 组 ×20 次瑞士球、抛药球		65%~85%
	6×30 次正反面两头起		4~5 组 1~2 分钟瑞士球平板支撑		65%~85%
下肢力量	20 分钟跑步、4×2 分钟跳绳		10×100 米、20×50 米打腿（大脚蹼打腿）		65%~85%
	4×15 米“八”字跑侧身跑、提踵		4×20 次杠铃半蹲、展腹跳		65%~85%
	4×15 米跳台阶、开合跳		4×10 次收腹跳、蛙跳、跳箱		65%~99%
	4×15 米旋转跳、单腿跳		4×10 次跳垫子、跳台出发		65%~99%
	4×15 米高抬腿、前后交叉跳		4×10 次深蹲、弓箭步等	穿鞋子、打腿	65%~85%
	4×15 米后蹬腿、原地踏步				65%~85%
	4×2 分钟静蹲、马步等				65%~85%
配合力量				12 组四式橡皮条牵引（可戴手蹼脚蹼）	65%~85%
				12×15 米、8×25 米游泳阻力裤、“工”字板	65%~85%
				12×15 米、8×25 米海绵牵引、水桶牵引	65%~85%
				12×15 米、8×25 米穿衣和鞋子游泳	65%~85%
肩袖小肌肉群力量			4×30 次瑜伽弹力带（外旋、内旋、旋前、旋后）		65%~85%
			4×30 次水平前抬、侧抬、后抬		65%~85%

残疾人游泳运动比赛项目大都是中短距离，就力量而言，游泳专项力量以快速力量为主，就技术动作而言，每一个级别有每一个级别运动员的技术动作和主要工作肌群，

如S6级无双臂的运动员主要工作肌群是躯干部和腿部肌群。因此，在力量素质训练方面存在多元化训练需求和个性化要求。

（三）力量素质训练注意事项

（1）必须安排动态拉伸和低强度有氧运动10分钟作为热身练习，力量练习前先进行预防损伤及固定核心稳定性练习。

（2）主体训练阶段为防止肌肉疲劳，在力量练习时先进行上下肢动作单关节练习，再进行多关节练习和单独针对性练习，核心肌群稳定性练习额外安排，结束陆上训练后安排静态拉伸来放松肌群。要注意上肢和下肢多关节动作及单独练习，着重关注动作爆发力（这是下肢和核心力量的来源），以便保证陆上训练的全面性。

（3）爆发力训练原则：不给身体过重负荷，训练质量高于数量，应在体力充沛时安排训练，避免疲劳时进行爆发力训练影响效果和造成损伤。爆发力训练的主要对象是生理成熟的运动员，青春期青少年多以低水平增强练习方式（跳绳或垫步跳）为主（表6-2），有助于运动技能灵活性和平衡能力提高。

表6-2　青春期青少年游泳运动员的力量训练模式

练习时间	练习组数	练　习	持续时间
5~10分钟		动态拉伸	每组练习30秒
	2~3组练习	伤病预防训练	（1~2）×20次
	2~3组练习	核心稳定性训练	2×20次或者每组练习30秒
	1~2组练习	基本力量训练	2×20次
	0~1组练习	低等到中等爆发力训练	2×15次或者每组练习30秒
10~15分钟		静态拉伸	每次拉伸20~30秒

为保证爆发力训练的训练效果，每组训练强度为100%，尽力完成3~5组，每组重复3~10次，保证足够恢复时间，每周可以进行两次爆发力训练。最大程度进行爆发力训练时，负荷重量为最大负荷的30%~60%，可以保证身体迅速移动；周期训练准备期爆发力训练量不要过大，比赛临近逐渐提高爆发力训练量。

（4）不同训练人群选择不同陆上训练方式，成年组可以先一次完成数量和组数，再进行下一动作练习。水平相对较低的青少年，应多个组合交替循环练习，确保肌群间有休息时间，防止疲劳和损伤。注意，抗阻训练的目的是增强神经肌肉适应，而不是肌肉增长，两次训练间隔2~3天，每组13~15个，每次2~3组。不同年龄段抗阻训练的注意事项见表6-3。

表 6–3 不同年龄段抗阻训练注意事项

年龄	注意事项
小于 7 岁	介绍基本训练，建立训练课程概念，教授技术，没有力量练习或很少；柔韧练习，轻度结对抗阻，低训练量
8～10 岁	仔细观察对训练压力的耐受情况，逐渐增加训练次数，逐步开始简单负重训练
11～13 岁	教授基础练习技巧，每次训练强度逐渐增加，强调技术，增加训练量
14～15 岁	高级抗阻训练，强调技术，增加训练量，加入运动相关组成成分
16 岁以上	达到基本训练水平，儿童训练计划过渡到成人入门训练计划

（5）根据周期训练阶段明确练习目的，原则上在最后一组练习的最后 2~3 个动作重复时身体有疲劳感。肌肉耐力：每组 15~20 次，两组。增加肌肉：每组 5~8 次，4~5 组。也可以选择在规定时间完成尽量多次数的练习方式。

（四）力量素质训练原则

1. 超负荷原则

成熟游泳运动员在周期训练初期为发展力量水平，应该在力量训练时逐渐加大负荷，不断打破自身原有负荷平衡，建立新的平衡，不断往返，螺旋上升。

2. 全面性原则

为保证技术动作不变形、运动员不受伤，应注意在发展主动肌的同时发展拮抗肌，保证肌肉运动时可以协调发力，提高技术动作准确性；注重上肢肌群、下肢肌群、稳定关节肌群、核心肌群共同发展；力量综合能力全面发展，耐力、速度、爆发力训练全面考虑。

3. 动作相似性原则

在训练初期单一动作能力提高基础上，注意多关节动作的训练，让躯干与上下肢协调复合训练，注意动作结构、特点与游泳某阶段动作的相似发力；负荷结构与水上专项相一致，如抗阻拉力训练、等动拉力训练等。

4. 综合性原则

对于同一肌群使用不同练习手段进行训练，确保运动员可以改善肌肉工作的协调性，提高训练积极性和效率。

5. 身体流线型原则

游泳运动员克服水阻力需要游进时具备很好的身体流线型，在力量训练时对训练目标明确不仅可以增加肌肉围度，增强力量，还可以塑造运动员身体的流线型。

6. 健康原则

运动员健康是持续训练的保障，避免运动损伤应注意训练中主动肌和拮抗肌的协调性，注意小肌肉群对肩关节、髋关节和膝关节的保护。训练前的准备活动要有专门性、针对性，练习时动作、负荷安排要有合理性，练习中注意保护、帮助。

二、速度素质训练

速度素质是指人体进行快速运动的能力，包括反应速度、动作速度及位移速度。

（一）反应速度的训练

反应速度受遗传因素的影响很大，后天的训练可使运动员潜在的反应速度能力增强并稳定下来，也就是说运动员对信号反应的动作熟练程度是提高反应速度的重要决定因素。提高反应速度常用的方法手段有信号刺激法、运动感觉法、移动目标练习法、选择性练习法等，但是不管哪种训练方法，在运用时都要结合残疾人运动员的残疾特点。视力残疾运动员在训练时选用声音或者触摸信号作为媒介来练习；而听力残疾运动员主要以视觉为媒介来练习。一般肢体残疾运动员采用听枪声出发训练、水中跳跃训练和腿部力量训练来提高反应速度。（图 6–1、图 6–2）

图 6–1 听发令枪出发训练

图 6–2 水中跳跃训练

（二）动作速度的训练

动作速度是指某个技术动作的完成速度。动作速度训练，应该与正确的专项技术动作紧密结合，与专项动作结构一致。动作速度练习的持续时间不宜太长，否则持续的运动会让运动员的兴奋性降低，影响速度的发挥。常用的发展动作速度的方法手段有：利用外界助力提高运动员对更快速度的感觉，及早地达到动作速度的要求；借助信号刺激提高动作速度，如视力残疾运动员可以借助快节奏的击掌声音来提高动作速度；减小外界自然阻力，如顺风跑、下坡跑等。

可以采用反牵引手段提高运动员的动作速度：第一种是将牵引带一头系于游泳池端，另一头绑在运动员腰部，把牵引拉到最大限度，使运动员用最快的速度游到池边，以最大方式增加速度；第二种是采用穿戴脚蹼、手蹼的方法完成快速训练。

动作速度训练有陆上姿势模拟训练、水中出发训练、水中转身训练和水中触壁训练。（图 6-3、图 6-4）

图 6-3 水中出发训练

图 6-4 水中触壁训练

（三）位移速度的训练

提高位移速度的基本途径主要有两个：一是通过力量训练，使运动员力量增加，从而提高速度；二是反复进行专项练习。常用的训练方法手段有：20 秒以内的高强度快速运动，间歇时间相对充分；各种爆发力练习；高频率的专项练习。

如 4~6 组 15~20 秒橡皮拉力训练，要求以自身最大拉力进行，不限次数，越快越好，间歇时间控制在两组运动员互相完成并交换之间。

总的来说，速度训练，应结合运动员的专项需要及残疾特点进行，应该在运动员精力充沛、兴奋性高的情况下进行，在出现"速度障碍"现象时，需要配合牵引游等助力手段加以克服。

（四）专项速度素质训练的方法与手段

根据运动生物力学原理，人体在水中游进时，划水速度和水造成的阻力成二次方的关系，如果划水用其原来速度的 3 倍，产生的阻力随之增加至 9 倍。残疾人游泳运动员因肢体残疾不同，造成的力学和方向有所偏移，加之身体形态的不同容易产生不同的阻力。为达到更快的游速和平衡身体，除了提高技术和划水实效性以外，还需要更强的专项速度力量来克服阻力。据国外文献报道，短距离项目的成绩与专项肌肉力量成 86% 相关关系，50 米冲刺成绩与在生物等动拉力计上测试的力量结果相关系数（R）是 0.87，这就说明了专项速度素质与运动成绩有密切关系。

专项速度素质训练，主要是通过专项的项目特点制订速度训练计划，例如短冲训练。短冲训练主要有两个目的：一是提高最大速度，使运动员比赛时游得更快；二是提高缓冲能力，使运动员比赛时接近最大速度。这就要求运动员要提高完成短冲训练所需的能量代谢能力和肌肉缓冲能力。在速度素质训练中，要注重结合专项特点，完成动作一定要迅速，紧密结合游泳项目的姿势和用力特点安排速度素质训练。短距离冲刺需要强大的爆发力和绝对力量，实际训练中应遵循组数多、次数少、重量大、速度快和休息时间长的训练原则。

表 6-4 为云南省残疾人游泳队专项速度素质的训练内容、方法与手段，分为陆上与水中训练，训练部位为上肢、躯干和下肢。

表 6-4　云南省残疾人游泳队专项速度素质训练内容、方法与手段

内容	陆上速度素质	水中速度素质	心率（次 / 分）	强度
上肢速度	4×15 次铁片拉力	12×25 米划手戴大（小）手蹼	180~220	100%
	4×（6～8）次橡皮拉力	4×50 米划手戴大（小）手蹼	180~220	100%
躯干速度	收腹、展腹跳（4×10 次）	“工”字板训练（8×15 米）	180~220	100%
下肢速度	跳台出发（10 次）	12×25 米戴大（小）脚蹼、手蹼	180~220	100%
		4×50 米戴大（小）脚蹼	180~220	100%
	8×30 米快速启动跑	12×25 米穿鞋训练法	180~220	100%
配合速度	10～15 次跳台出发	10×（15~25）米主项短冲训练法	180~220	100%
		12×25 米反式牵引最大速度	180~220	100%
		12 组四式专项牵引，可戴大（小）手蹼、脚蹼	180~220	100%

图 6-5 为“工”字板。图 6-6 为单臂运动员水中“工”字板海豚腰和自由泳打腿训练，要求运动员双腿夹紧“工”字板，完成 8×15 米，在 15 米的距离内用最大速度完成，强度要求 100%，完成后心率达到最大值，每个间歇充分休息。图 6-7 为 S6 级无双臂运动员水中持浮力板打腿冲刺训练，要求以最大速度完成 8×15 米或 8×25 米，运动强度 100%，每次心率达到最大值，每个间歇充分休息。

图 6-5　“工”字板

图 6-6　水中“工”字板训练

图 6-7　水中浮力板训练

三、耐力素质训练

耐力素质是指有机体坚持长时间运动的能力。

（一）速度耐力素质训练的方法与手段

速度耐力介于磷酸原供能与无氧糖酵解供能之间，持续时间 1~5 分钟。速度耐力素质训练的目的是提高能源持续供应能力和肌肉耐乳酸的能力。速度耐力是运动员在疲劳不断积累下依然保持高强度、高质量的划水效果与划水距离的运动能力。表 6–5 是云南省残疾人游泳队专项速度耐力素质训练内容、方法与手段。

表 6–5 云南省残疾人游泳队专项速度耐力素质训练内容、方法与手段

训练内容	陆上速度耐力素质	水中速度耐力素质	心率（次 / 分）	强度
上肢速度耐力	20~25 次铁片拉力、橡皮拉力、等动拉力	50 米、100 米、200 米划手戴大（小）手蹼	175~185	90%
躯干速度耐力	2~4 分钟变换腰腹肌练习	35 米正反水下蝶泳打腿	170~180	85%
下肢速度耐力	10×（50~100）米冲刺跑	10×（50~100）米戴脚蹼打腿	180~190	95%
配合速度耐力		6×50 米、4×100 米、2×200 米递进练习	180~190	95%
		12×25 米 15 次动作四式牵引	180~190	95%

（二）游泳专项有氧耐力训练的方法与手段

游泳专项有氧耐力训练的强度相对较小，它的适宜心率可采用这个公式计算：

适宜心率 = 安静心率 +（最大心率 – 安静心率）×（60%~70%）

心率在这个范围时机体的摄氧量达到最大值的 80%，心输出量（cardiac output）增加，促进骨骼肌、心肌中的毛细血管增加。

游泳专项有氧耐力训练的主要方法有：匀速持续游、变速游、间歇训练法及循环训练法等。

游泳专项有氧耐力训练的具体手段有：长时间进行专项动作的反复练习，反复做克服自身体重的练习等。

例如：1500 米、800 米或者 400 米距离都可以实现有氧耐力训练，平均心率控制在 140~150 次 / 分。

（三）游泳专项耐力训练的方法与手段

耐力在运动中起着直接与间接的作用，传统上人们认为耐力主要对长距离运动项目有重要的影响作用，如1500米游泳。残疾人游泳运动员的比赛项目最短50米，最长400米。以100~200米距离为主项的运动员居多，这些项目大部分使用无氧供能系统，但日常训练主要以有氧耐力训练为主，这就造成了比赛项目与训练的矛盾。为何不根据比赛特点进行针对性训练呢？原因是耐力训练能够提高运动时肌肉中乳酸消除的能力，增加肌红蛋白的含量，还可以提高丙酮酸向丙氨酸的转化速率，因此耐力训练显得尤为重要。专项耐力训练一般分为水中耐力训练和陆上耐力训练。训练方法采用：低强度训练法、持续训练法、重复训练法、间歇训练法、法特莱克训练法。

表6–6是云南省残疾人游泳队专项耐力素质训练内容、方法与手段。

表6–6 云南省残疾人游泳队专项耐力素质训练内容、方法与手段

训练内容	陆上耐力素质	水中耐力素质	心率（次/分）	强度
上肢耐力	3~5分钟铁片拉力	3×1500米、4×800米、6×400米、8×200米戴手蹼划手	150~170	75%~85%
躯干耐力	10分钟变换腰腹肌练习	4×200米戴脚蹼蝶泳腿	150~170	75%~85%
下肢耐力	跑步20~30分钟	4×400米、6×200米戴脚蹼打腿	150~170	75%~85%
配合耐力		3×1500米、4×800米、6×400米、8×200米	150~170	75%~85%
		8×（5~8）分钟牵引训练法	150~170	75%~85%

四、柔韧素质训练

柔韧素质训练是体能训练的一部分，提高柔韧素质要采用合理的拉伸方法。拉伸可提高关节活动度，恢复肌肉劳损，防止肌肉拉伤；深度拉伸可促使关节周围对称肌肉张力平衡，使其稳定关节周围肌群；拉伸还可提升体能，适应专项训练需求。因此在日常训练中，拉伸尤为重要。

柔韧拉伸训练方法有：动态主动拉伸、动态被动拉伸、静态主动拉伸、静态被动拉伸、等长拉伸、弹振式拉伸、PNF拉伸等。

拉伸部位包括：肩部、腰部、髋关节、膝关节、踝关节等。

图6–8为动态被动拉伸髋关节与腰部的动作。双腿大小腿折叠，脚掌对脚掌坐于垫子上，身体前倾，这时另一人从运动员后方辅助按压背部，使胸部和下巴贴于垫上，重复10~15次，每次下压时吐气，固定2~3秒后放松。

图6–9为运动员横木吊杆拉伸训练，主要帮助运动员提高肩部灵活度与柔韧度。

图 6-8 被动拉伸髋关节与腰部

图 6-9 横木吊杆拉伸训练

表 6-7 为云南省残疾人游泳队专项柔韧素质训练内容、方法与手段，主要拉伸方法分为静态主动拉伸和动态主动拉伸。拉伸部位分为上肢、躯干和下肢。

表 6-7 云南省残疾人游泳队专项柔韧素质训练内容、方法与手段

	静态主动拉伸	动态主动拉伸
上肢（肩、肘）	20~25 秒站立式正面压肩、侧向压肩	10~15 次反背体前屈
躯干（腰）	20~25 秒背靠墙拉伸腰、坐位体前屈	10~15 次坐位动态体前屈
下肢（髋、膝、踝）	1 分钟小腿外折叠压膝关节	10~15 次跪式踝关节起立

残疾人游泳运动员柔韧素质非常重要，特别是肩关节和踝关节。因此应每次安排 20 分钟左右，进行肩关节和踝关节的柔韧素质训练。（图 6-10、图 6-11）

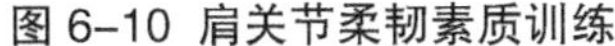

图 6-10 肩关节柔韧素质训练

图 6-11 踝关节柔韧素质训练

五、残疾人游泳运动体能训练后的放松与拉伸

残疾人游泳运动体能训练后的放松与拉伸是非常有必要的。第一，这样的放松训练时间安排，无论对于运动员的身体还是心理都是有益的，此外还有助于运动员反馈和交

流当天训练的感觉；第二，对于当天积累的疲劳有充分的缓解作用；第三，为下一次更好地训练做好生理和心理的准备。因此，在每一节陆上体能训练课后，都应安排一定时间（占总训练时间的 15%）让运动员学习如何放松和拉伸，或是单独安排 20~30 分钟让运动员互相放松。在此过程当中，教练应教运动员放松和拉伸的方法，教授运动员按摩手法。教练还可以根据运动员的反馈，了解运动员每天训练后的感觉，根据运动员的反馈与表现做训练的调整。（图 6–12）

图 6–12 体能训练后的放松与拉伸

第七章　残疾人游泳运动心理训练

残疾人与健全人一样都拥有参与竞技游泳的权利，但由于残疾人的生理结构和心理状态较健全人有一定特殊性，其竞技游泳的目的、任务、内容、方法、手段、评价及对教练和其他工作人员的要求等都与健全人竞技游泳有所区别，因此残疾人竞技游泳运动除具备一般竞技游泳的特点外也有一定特殊性。

一、残疾人游泳运动员生理和心理弱势性

残疾人运动员在克服生理困难的同时，还要克服心理困难。由于残疾人运动员的行为受到不同程度的限制，如何突破受挫、弱势和障碍的心理，让残疾人运动员能充满热情地参与生活和训练是教练亟待解决的问题。

残疾人运动员生理和心理弱势性主要表现在：①由于外界提供的活动场地数量有限，与外出到许多不同场合可能受到歧视相比较，残疾人更愿意选择待在家里；②残疾人在生活、训练、学习、工作中面临的困难多于健全人，且不易得到足够的理解和帮助，甚至受到厌弃，导致内心自闭，随着时间的累积与社会产生隔阂，容易产生孤独和自卑心理；③残疾人因自身缺陷对周围的人和事异常敏感，在健全人看来普通的举动也会引起残疾人的强烈反应，要么情绪爆发，要么将痛苦隐藏于内心，表现出无助和自我否定，过度压抑，容易多疑，进而与健全人减少交流，更易发生冲突走到对立面，在残疾人身上经常看到他们用粗暴方式解决与健全人间的问题，另外，在残疾人之间，因为属于同一个群体，他们相互交流更容易；④残疾人思维大多具有片面性，看待事物容易固执带有偏见。残疾使残疾人运动员的身心健康直接受到不同程度的损伤，由于这些特殊性，他们参与运动的欲望也会减弱，面对体育运动时总是有一种弱势心理。

很多残疾人运动员初到训练队时表现得非常内向和自卑，面对他们生理上的弱势，

教练或老队员采用帮助的方式，一般是引导。如双上肢截肢运动员入队后为适应独立生活需要自己穿衣服等，教练或老队员会引导他们学习使用工具，或请求其他队友帮忙，让新入队的残疾人运动员在处理这些细小事物过程中学习，进而让新队员都能逐渐学会与其他人融洽地相处和更加独立地去面对生活的困难。通过一段时间的训练和比赛，残疾人运动员在其中不断获得更好的运动成绩，这些成绩、荣誉和社会的认可给残疾人运动员带来的成就感、自信是前所未有的体验。残疾人运动员在参赛过程中，视野得以开阔，自己眼中的世界较以前看到的世界完全不同，在各类大赛中接触不同运动员、教练和裁判等人群让残疾人运动员的见识得以增长，取得运动成绩后，来自社会各界人士的认可和赞美等，这些使得残疾人运动员的负面弱势心理逐渐削弱，替代为乐观、自信和向上等更为阳光积极的心理。为削弱这种弱势心理，营造良好的训练、比赛和生活环境对整个训练队的残疾人运动员显得非常重要。

教练主动、有效地了解残疾人运动员并与其沟通交流，对残疾人运动员全方位了解，有助于其提高成绩及建立阳光的心理和较健全的人格。研究显示：残疾人游泳运动员很少主动与教练进行沟通交流，包括我国一些优秀的残疾人游泳运动员也普遍存在这种情况。这一现象导致了残疾人运动员在训练中遇到困难或出现某种不好的运动迹象感觉时，很难做到及时与教练沟通、有效解决困难。有一半运动员表示不愿意提出来，有三分之一的运动员表示不敢提出来，只有很少运动员愿意表达自己的想法，而其中有的运动员不知道如何表达自己。

思想的封闭性是残疾人游泳运动员的一种普遍心理特征，由于患肢的残疾或身体的某些缺陷，残疾人只能依靠某种特殊工具才能从事健全人最基本的活动，使得他们的思想处于封闭状态，很少与外界进行沟通和交流。这也决定了他们在一些方面与健全人存在一定的差距，当一个人感觉与别人有差距的时候，就容易形成一种消极的思想情绪，久而久之便会产生一种强烈的自卑感，这种自卑感促使他们远离社会群体生活，不愿意与人接触，这就形成了思想的封闭性和性格的内向性。

教练需要对残疾人运动员的训练目的有深入了解，这样在主动交流中才容易被残疾人运动员接受。残疾人游泳运动员的训练目的有以下几种：有的出于对游泳专项的爱好和兴趣，想在游泳中体验运动的乐趣，以及在赛场上获得荣誉和尊重；有的为了改变现有生活状况，减轻家庭负担，做自己力所能及的事帮助家庭和自己；有的想在训练队中感受到集体的照顾、温暖和相互扶持，为了集体荣誉；有的为了改善身体状况，增强体质，减少患肢给生活带来的负面影响，通过训练改善心情，患肢逐渐康复，培养战胜困难的信心；有的为了扩大人际交往范围，冲破思想的封闭性和消除自卑心理等。

（一）视力残疾运动员的身心特点及训练

视力残疾运动员对事物认知更多的是靠触觉，他们对于任何事物都是从动手开始，通过自己丰富的想象力去构造对事物的认识，听觉更多的是作为认知事物的补充信息。视力残疾运动员由于自身的视觉障碍，在出行上诸多不便，与人接触的机会也随之减少，接收的信息量减少，这就会带来他们在认识事物上的局限性和片面性。他们在性格上由于自卑心理，较为孤僻和内向。但由于没有更多外界的干扰，视力残疾运动员思维敏锐，富于想象且专注，他们在做事时更投入。大众应给予他们更多的关爱和尊重，在称呼上他们很敏感，不能用“瞎子”这类侮辱歧视的言语，应该用“盲人”等中性词汇来称呼。

在训练上教练在对待视力残疾运动员时应充分了解其认知特点，在教授每一个动作时多一些耐心，细致讲解动作，从不同角度让队员体会动作给身体带来的感受，通过陆上手把手模仿动作细节，在不断重复过程中加深视力残疾运动员对动作的形象认知，建立清晰的动作表象。在水中训练时，用控制动作的划频和划幅来加强动作控制能力训练和速度感觉训练。视力残疾运动员有生理缺陷，但不代表他们是弱者，他们往往较为好强，训练更专注和刻苦。在赛场上，应给予视力残疾运动员更多尊重，在介绍运动员时给予更多的掌声鼓励，出发上道、比赛游进中保持安静，在取得好成绩时表示由衷祝贺，表现不如意也应鼓励。

（二）肢体残疾运动员的身心特点及训练

肢体残疾运动员与其他残疾人运动员一样，由于患肢给生活带来的不便和痛苦，行为能力低下，受到社会一些人对他们的歧视，在多重心理驱动下，更多地选择逃避社会不与健全人交往，内心有严重的孤独感和自卑感；肢体残疾运动员对别人的评价非常敏感，内心很脆弱，不愿别人视自身为“残废”，渴望得到社会的认可和尊重；肢体残疾运动员较健全人训练付出更多，他们在一个很小动作上可能付出的心血、艰辛是健全人难以想象和估量的。体育比赛本身就是用不断训练和纠错才换来最终极少数人的成功，残疾人运动员的努力训练就更难，不是每次都能得到满意的结果，这给队员带来的内心波动和焦虑也是不可避免的，肢体残疾运动员表现为倔强和自我克制、耐心和忍辱性强。

在训练时不论队员成绩好坏，教练要平等对待每一位肢体残疾运动员，对待每一次动作纠正有更多的耐心和鼓励，训练和比赛中的挫折要尽快加以疏导，尊重他们的想法；生活上给予他们更多支持、关心和帮助，在训练队里好的互助氛围非常重要；在比赛中，对于患肢不要一直盯着看；平时相处偶遇，眼光不要过于好奇；言语上不用侮辱或歧视话语，如“残废”“瘸子”等；在看到肢体残疾运动员遇到困难时，一定要先征求意见，得到同意后再提供帮助；在对下肢残疾人运动员表示祝贺时，一定先弯下腰，再拥抱、握手；在对上肢残疾人运动员表示祝贺时，用拥抱来表示。

（三）其他残疾人运动员的心理特点及训练

聋哑运动员较外向，情感反应强烈，看问题容易注重表象，教练应多用形象的比赛视频或技术比较提高聋哑运动员的训练热情；对于智力残疾运动员，教练可应用言语、实物刺激等诱导他们以愉悦心情投入训练中。

二、残疾人运动员心理能力训练

（一）残疾人运动员参加运动训练的心理情况研究

残疾人运动员在进入集训队后都配有专门的生活指导员来照顾其日常生活，如盲人运动员走路有人指引等。久而久之，运动员就形成了对人依赖性较强的习惯，而这一点也从生活延伸到了训练和比赛之中。

残疾人运动员在训练中容易半途而废，尤其是年龄小、训练时间短的运动员更容易出现这种情况。由于运动强度增加及疲劳累积，有的运动员会借口身体不适退出训练课，甚至退出集训队。对于意志薄弱和易放弃的残疾人运动员需要正确引导，这是残疾人运动员正常训练和比赛的必要保障，要想战胜对手必须先战胜自我，运动员的自信心是取胜的基石。残疾人由于生理缺陷通常比健全人自卑，自我评价比较消极，存在严重不自信的现象。他们容易对自我的力量、速度、耐力等素质产生怀疑，害怕失败，不敢尝试，不敢表现自己，这是不利于开展训练和取得优异成绩的。他们因为身体缺陷，自我保护意识较强，对一些事物比较敏感，当涉及一些敏感话题或“雷区”时，便会直接表达自己的不满与愤怒，甚至情绪失控。可见，残疾人运动员在训练中情绪容易出现起伏波动，这一点必须得到正确引导，否则不利于训练的进行和成绩的提高。残疾人运动员应正视自己的残疾，正确认识自身的能力和价值所在，摒弃自卑心态，树立自信心。此外，对残疾人运动员进行一定的政治思想教育，让其认识参训的意义所在，从而端正态度，树立为国家、为地区争光的崇高理想。

有许多残疾人没有机会去学校学习，没有机会延长自己的社会活动半径，没有机会更多地接触社会，这就使残疾人容易产生沟通困难、自闭自卑等心理问题。

对残疾人运动员而言，他们在平时训练和比赛中获得了丰富的情感体验，形成了更加坚定的信念和战胜困难的勇气，弥补了作为残疾人所存在的某种身体机能、形态上的缺陷。比赛中取得好的成绩固然重要，但更重要的是挑战自我，努力实现人生的目标，通过体育这一活动或介质，突破心理上的障碍，成为社会积极的一员。因此，对残疾人运动员心理健康的保障和支持就显得尤为重要。

我国残疾人运动员心理健康干预的相关系统研究几乎没有，这方面文献获得有很大局限性，尤其是针对残疾人运动员专门的心理健康测评的研究，更多的是涉及残疾人运动员在比赛中的负面情绪等方面的研究。

有的运动员心理素质很弱，虽然平时训练成绩很好，但是到了赛场上，就完全控制不了自己，这需要根据运动员心理状态适当安排心理加实战的训练。

对我国优秀运动员训练主观动因的研究发现：男运动员渴望通过训练及成绩得到社会认可，女运动员则更看重自我肯定；男运动员注重运动训练的长远物质回报，女运动员更看重运动训练带来的眼前物质利益；男运动员更看重运动训练的内部回报，女运动员则看重训练的外部奖励。因此在训练中，教练应对不同性别的运动员采用不同的激励和教育方式进行积极干预。

（二）残疾人运动员心理训练的重要性及其训练方法

在竞技体育训练与竞赛中，运动员的体能、技能、战术、智能等基本能力，都必须在其心理能力的参与配合下才能得到充分的发挥。总的来说，游泳对运动员的心理能力要求不一，不同水平的运动员要求具备的心理能力也不一样，不同残疾类型及不同残疾程度运动员的心理能力也不一样。

一般教练采取的心理策略是告诉运动员把平时的能力水平发挥出来就好。如果给运动员太大的心理压力，运动员很可能会因此休息不好而导致比赛的失利。

在以上的前提下，教练应帮助残疾人运动员很好地分析对手弱点，寻找自身优点来建立自信心。一般提高残疾人运动员心理能力的方法有以下几种。

1. 意念训练法

意念训练法是指运动员利用记忆中的运动表象进行回想并训练的方法。意念训练法对技术、战术训练的作用显著，利用大脑中的技术、战术痕迹，在实际训练、比赛中激活体现，可使动作完成得更加正确、顺利。对于残疾人运动员来说，充分运用大脑里储存的信息在一定程度上可以避免实际身体参与过度练习带来的不利影响。教练指导运动员时常在比赛前、训练中或者每次模拟比赛项目前都闭上眼睛不断想象比赛项目的每一个细节，包括呼吸、心跳、容易产生的问题如何避免等，一遍又一遍地在大脑中回想。

如在 200 米混合泳中的战术，残疾人运动员蝶泳和自由泳是优势项目，但仰泳和蛙泳是劣势，在比赛中，听枪响后再出发，不要抢跳犯规，出发入水后 3~4 次海豚腰，出水后不立即呼吸，做 4~5 次动作后再吸气，蝶泳部分压制住对手，但使用不超过 90% 的力量，仰泳同样采取“跟随”策略，保持在 90% 的力量输出，蛙泳转身后按照自己的节奏，最后自由泳把全部能量释放出来到最后触壁，这个过程在赛前要在大脑中不断重复演练。

2. 诱导训练法

诱导训练法是指在训练中采用有效刺激物把运动员的心理状态引导到某一个事物或者方向上去的训练方法，可为运动员顺利参加训练和比赛建立良好的心理状态。

不同于意念训练法，诱导训练法是通过教练、心理专家等其他人对运动员的引导来刺激完成的。诱导者常常发出语言信号，由运动员的听觉器官接收信息，并按照语言指示去完成任务。对于听力残疾运动员，诱导者往往采用眼神暗示或者肢体动作来进行引导。

表扬与批评、说服与教育、启发与“激将”都是诱导训练法的基本手段。

诱导者应该是运动员愿意接受的人，采用的诱导手段也应该是运动员感兴趣的，必须根据训练的目的、期望产生的结果等来设计诱导训练。由于残疾人运动员心理上的特殊性，教练在使用诱导训练法时要注意方法。

3. 模拟训练法

模拟训练法是指模拟比赛中可能出现的场景条件并进行训练的方法。模拟比赛中赛项心理过程的训练，即模拟心理训练。通过模拟训练，可使训练与实际比赛的各种环境接近，运动员在这种环境下，锻炼和提高面对真正比赛的实战能力以及情绪调节能力等。

在模拟训练中，实施者通过所制造的模拟环境对运动员实施心理控制和训练。模拟训练的内容很多，如模拟技术、战术的训练，模拟比赛环境的训练，适应比赛对手特点的训练，适应“时差”的训练等。

在进行模拟训练前，一定要收集关于实际比赛中会出现的情况的一些信息，包括对手信息、环境信息等，从而使模拟更接近实际比赛。

项目的不同及残疾类型的不同，训练模拟的重点也不尽相同。如在对抗性项目中，重点模拟的应是对手的技术、战术特点；在体能项目中，应该重点模拟赛场条件，如天气、场地等；对于视力残疾运动员来说，重点模拟的应该是比赛场上喧闹的环境等。

教练应了解各类残疾人的弱势心理，更为重要的是要把上述信息和人文关怀充分结合起来，在训练和比赛过程中，以健全游泳运动员的训练手段和方法为基础，根据不同队员生理、心理特点选择训练手段和方法，积极引导残疾人运动员训练，有针对性地制订促进身体康复、提高运动成绩、提高心理素质的训练计划。教练给予的人文关怀、正面引导对残疾人运动员影响更为深远，残疾人运动员不但表现为训练上刻苦努力，在他们参与社会活动时也会更积极和富于热情，在获得更多人的尊重后，感受自身价值，完善自我性格，这种和谐对残疾人运动员的生活范围从训练队扩大到社会有积极的促进作用，这是一项影响深远的社会文明工程。

三、通过不断参加比赛强化残疾人运动员心理

无论是健全运动员或是残疾人运动员，在面对比赛时，心理素质不好的运动员都会产生焦虑、胆怯、心慌、害怕等心理。残疾人运动员因为身体残疾而带来的自卑和社会的不认同，更易产生自我否定，在不断地参加国内外各类型的训练和比赛、与本队以外的国内外运动员接触中开阔了眼界，提高了表达能力，专业能力也得到锻炼，自己的不足在放大，督促自身进行有益改变。这些心理的强化随着运动员训练的深入，都会得到进一步提高。

另外，老队员总是新队员的楷模，他们的心理意志品质在训练中得到磨砺。老队员

在不断参与比赛中，锻炼了强大的心理素质，尤其是在面对国际大赛的压力时，残疾人运动员自我心理塑造最明显，自身心理素质得到全面提升，在每次不断地获得好成绩的过程中，残疾人运动员渐渐变得更加自信，在比赛过程中走访世界各地，眼界也更加宽阔。

残疾人竞技游泳在帮助残疾人运动员强健身体的同时，也使运动员在参与这个项目的过程中和队友一起在同样的环境当中互相鼓励促进，在训练中磨炼意志品质。在国内外大赛当中增长自己的见识，体会中西方文化的差异，看到世界顶级运动员的水平和风采，这些对于残疾人运动员自身来说是全方位的促进和提升。

第八章 残疾人游泳运动医务监督

第一节 残疾人游泳运动医务监督主要内容

残疾人游泳运动医务监督的目的是对残疾人运动员健康保护的同时，增进残疾人运动员的运动能力。主要内容包括：残疾人游泳运动的生理、病理问题分析，游泳训练各阶段身体机能状况判定，游泳训练产生的运动性疾病的预防与治疗，运动卫生，疲劳消除等。

一、残疾人游泳运动的生理、病理问题分析

残疾人游泳竞赛随着运动员成绩不断突破，对现代的游泳训练也提出更高要求。残疾人运动员在大运动量训练时，身体机能不断适应超量恢复取得更好运动成绩，但是要将训练期间的身体机能适应性改变与身体疾病区分开。身体机能适应性改变的界限是在达成训练目标的同时却不造成残疾人运动员身体损伤和疾病。残疾人运动员训练不能以进一步加重患病部位病情来换取运动成绩，应以运动更有效促进残障肢体康复为原则。如大强度游泳训练后一次尿蛋白与运动量和强度成正比，在第二天第一次晨尿中尿蛋白未消失表明机体没有完全恢复，连续三天出现尿蛋白需做进一步检查；血尿素可以评定机能状况，一周训练中每 2 天抽检一次血尿素，如果血尿素逐渐升高，经过周末也不能恢复，表明负荷过大，一周内没有波动说明运动量和强度不够，一周内增高在周末后恢复到一周前水平说明运动量合理机体可以接受；运动后贫血等应综合考量训练量和强度。注意区别是否是疾病导致出现上述症状。

二、游泳训练各阶段身体机能状况判定

残疾人运动员游泳训练各阶段身体机能状况判定：训练与医学检查结合，抽取残疾人运动员在游泳训练前、训练中、训练后的一些评定指标，获得运动员身体的适应能力评定、运动员训练状态好坏、身体机能潜在能力大小的报告，最终为游泳训练提供科学训练指导依据。

三、游泳训练产生的运动性疾病的预防与治疗

大强度周期训练会直接或间接致使运动员产生一些疾病，如心律失常、运动性血尿、运动性心肌梗死、低热等。其治疗方法是：调整运动量，加强营养，对症治疗。为了预防运动性疾病，训练时应注意身体训练水平全面提高，训练循序渐进，避免突然加大运动量和停训，根据气温、游泳池水温等训练环境变化对训练进行调整。疾病后多久可以训练，运动员训练量如何把握，这些都应根据病情具体安排。

四、运动卫生

在强调训练系统性、循序渐进、区别对待的同时，身体运动器官和内脏功能的适应性改变也在逐渐形成和完善。研究显示，在运动员终止训练三周后，心脏对锻炼效应多数均消失。吸烟导致呼吸道阻力增加会影响运动成绩，在训练或赛前 24 小时内不吸烟，气道阻力可以有效缓解。长距离游泳运动员有吸烟情况的，应注意赛前 24 小时不吸烟，能有助获得好成绩。

训练后，运动员应进行自我身体监督，监督内容包括客观现象和主观感觉。客观现象如脉搏、血压、体重等。注意脉搏节律性，每天晨脉变化是运动后恢复的表征，运动员随着运动水平提高，安静心率逐渐下降保持稳定，如果晨脉突然增多，表明机体疲劳或疾病发生，每分钟较过去增多 12 次以上表明机体需要调整，与训练疲劳有关，若机体晨脉数较过去增加明显且长期不恢复是过度训练反应；清晨血压较正常水平增高超过 20% 应检查疲劳或疾病，定量负荷后血压恢复时间延长也说明身体机能异常；运动员体重持续下降，教练应考虑过度训练或检查是否患有消耗性疾病肺结核、甲亢等，一般赛后或训练后体重暂时性下降 1~4 千克，在 1~3 天内恢复属于正常。

主观感觉包括自我感觉、睡眠、食欲、情绪等。运动员好的自我感觉应是精神饱满、体力充沛、渴望训练。自我感觉异常疲劳、恶心头晕、身体某些部位异常疼痛，说明身体机能下降、体力不佳或有疾病。睡眠反映神经系统状态，运动员出现入睡迟、易醒、失眠、睡醒后依旧感到疲劳等情况，说明需要调整运动量，睡眠中出现大量冷汗是身体疲劳的表现。

五、疲劳消除

消除疲劳的有效措施有睡眠、休息、补充营养、电疗、按摩、服用药物、饮用能量饮料等。疲劳属于暂时性生理现象，如何在训练或赛后加快疲劳消除是值得长期研究的课题。

第二节　残疾人游泳运动员营养需要特点

残疾人游泳运动员每天训练一般都有陆上训练和水上训练，身体能量消耗大，而且由于残疾人运动员自身不同伤残情况，每一次动作都须克服自身缺陷，较健全人消耗更多的能量，及时的营养补充可以使训练消耗得以补偿、受损细胞得以修复。游泳项目的营养需求有一定特殊性。

一、能量

研究显示，游泳运动员在能量消耗上有一定差别，这与运动持续时间、运动强度、体重、运动力学效率不同有关。性别方面，男运动员能量消耗稍大于女运动员；在能量摄取上，有脂肪摄入普遍过高而糖的能量比低的问题。残疾人这方面的相关研究不多，这与运动员级别划分细和经费投入不足有一定关系。我国推荐游泳运动员适宜能量摄入平均为 17.6 千焦 / 天（短距离）和 19.7 千焦 / 天（长距离）。由于游泳池水温会带走一部分身体热量，游泳项目运动员体脂也较竞跑项目高 4%~6%，一些运动员在饮食上能量消耗与摄入难以平衡，摄入碳水化合物比例较低很容易引起慢性肌肉疲劳。

二、碳水化合物

游泳运动员在进行大运动量训练时能量需求大，碳水化合物的需求量占身体总能量需求的 60% 以上，一般游泳运动员碳水化合物的需求量为 500~800 克 / 天。竞技游泳运动员在训练后损失的肌糖原量若不能充分合成，会影响后续训练能力发挥。研究显示，游泳运动员训练最佳补充糖原时间为训练结束 2 小时内，此时段有利于糖原再合成，越早补充吸收越好。在一定范围内，肌糖原的再合成与体内摄入糖量成正比，当人体摄入糖量超过 600 克 / 天后肌糖原合成不再继续升高。

糖原的吸收与运动员个体差异、膳食、糖原储备有关。对于训练后有低血糖倾向的运动员，教练应考虑除训练后补充糖原外，在训练前和训练过程中也要补充糖原；训练后就餐摄入蛋白质可以提高胰岛素对糖的反应，增加肌糖原储备率；糖原摄入比较，单糖与多糖比较，单糖更利于人体吸收。过度训练的一个诱因是长期大运动量、高强度训练，运动员糖原储备不及时，导致肌肉的慢性疲劳，最终造成运动员过度训练。

三、蛋白质

摄入蛋白质可提高胰岛素对糖的反应，于增加肌糖原储备率有益，在提高身体瘦体重上也很重要，游泳运动员训练和比赛能力受瘦体重和肌肉力量影响显著。运动员蛋白质摄入 1.5 克 / 千克可以支持耐力训练，运动员蛋白质摄入 2~3 克 / 千克可以支持肌肉组建。

四、微量元素

研究显示，血红蛋白浓度的保持与补充铁、能量和蛋白质有直接相关作用。大运动量期间为避免运动贫血，运动员应及时补充铁。

五、肌肉疲劳预防和推迟的营养措施

防止乳酸堆积的营养措施有：增加摄入碱性食物，保证体内维生素 B_1 营养良好；补充糖原，保持运动中血糖水平，一般在运动前和运动中补充；微量元素和维生素缺乏，可在运动前补充；抗氧化物质适量补充，这对于减轻疲劳、增强耐力、防止损伤有益。

六、赛前营养

比赛前一餐食物体积要小、轻，不宜换新食物改变饮食习惯，注意饮食心理需求，吃喜欢的食物，时间安排在赛前 3 小时完成就餐，避免比赛时胃部有胀满感。若因天气原因大量出汗应赛前补液 500~700 毫升，赛前不喝利尿的茶、咖啡，也不能喝酒，酒精会延缓反应时间，产生乳酸盐，影响协调能力。耐力项目补充糖原在赛前 15~30 分钟，在补充糖原的葡萄糖、蔗糖、果糖和低聚糖中，低聚糖易吸收、甜度低、口感好、补糖效果最好，补充糖量控制在每小时 50 克，或每千克体重不大于 1 克。

第九章　残疾人游泳运动训练计划的制订

第一节　残疾人游泳运动训练计划

制订训练计划的目的是确保运动员经过训练产生系统性适应，使运动员在重要的比赛中机能状态达到顶峰。训练计划应把一个年度训练计划分成几个小单元，以便控制训练，依次制订年度训练计划、周期训练计划、周训练计划和每日训练计划。年度训练计划根据重要比赛、减量安排等确定计划需安排多少个周期；每个周期分成几个阶段，每个阶段安排的训练内容各有侧重；每个训练阶段分成更小阶段，逐渐提高运动员训练强度和训练量。有学者提出训练指导思想为“耐力为基础，强度为核心，力量最关键，技术来表现”。

残疾人游泳由于起步晚，受重视程度不能与重点项目比较，各地省市专项经费有限，一般残疾人训练很难做到全年系统训练，多以赛前半年集中训练为主。这就要求教练对残疾人运动员能力优点及不足很了解，掌握残疾人训练的特殊性，充分灵活利用各种训练手段方法，与运动员沟通交流能力强，自身的训练水平和能力高，这样才能很好地完成训练任务，达到预期的比赛目标。

一、年度训练计划

为达到最佳的训练效果，第一个周期应至少安排 20 周的训练，其中，6~12 周训练重点有所改变，周期间安排一周恢复。残疾人运动员每年的周期训练安排一般可分为三个周期：第一个周期在当年 9 月到第二年 1 月，为期 5 个月 20 周左右的秋季训练；第二个周期安排在随后的 2 月到 4 月，为期 3 个月的冬季训练；第三个周期是 5 月到 8 月，为期 4 个月的夏季训练。

二、周期训练计划

每个周期分为不同阶段，在不同阶段安排各自侧重的训练目标和训练内容及训练方法。典型的做法是每个周期分为四个阶段，即一般耐力训练阶段、专项耐力训练阶段、比赛能力训练阶段和减量训练阶段。

（一）一般耐力训练阶段

这一阶段训练的主要目的是：发展基础耐力、力量、柔韧、心理承受能力等，并着重提高技术能力。一般训练时间为6~10周。训练主要内容为每种姿势的基本技术和划手打腿训练，每种重复距离都应安排到，以基础耐力作为重点（一般为60%），以速度耐力（一般20%）和短冲训练为辅助。

陆上训练的主要目的是提高肌肉力量，可安排每周3~4次陆上训练，也可根据残疾人运动员的主项来安排一些循环练习，有效提高肌肉耐力。长距离游泳运动员酌情减少陆上训练时间，增加水中训练量。柔韧训练每天都要安排，以肩、踝和腰背为主要训练部位。运动员的水中游进技术录像分析、诊断，运动员心理训练的表象训练、放松训练等应每天进行。

（二）专项耐力训练阶段

这一阶段训练重点是提高耐力水平，较上一阶段主要区别在于耐力强度提高，多以运动员个人主项完成为主。一般训练时间为8~12周，较一般耐力训练阶段多安排2周时间。训练的主要内容为有氧训练数量达到最高阶段，较高强度的耐力训练增加15%~20%，短冲训练增加1倍。

陆上训练重点提高运动员爆发力，转为快速重复练习，陆上每次结束部分应安排运动员模仿游泳动作，按照比赛频率完成动作；水中安排抗阻训练、水中顺势速度牵引训练。长距离游泳运动员要注意减少陆上训练量，相应增加水上训练量。短距离游泳运动员训练量减少，提高强度，尤其注意较长距离游泳运动员提前两周转入下一训练阶段。柔韧训练每天都要安排，以肩、踝和腰背为主要训练部位。运动员的水中游进技术录像分析、诊断，运动员心理训练的表象训练、放松训练等应每天进行，心理训练的重点在影响比赛和训练的心理矛盾讨论上。

（三）比赛能力训练阶段

比赛能力训练阶段的训练重点要及时转变为速度训练，关注点要放在比赛能力训练、无氧训练和爆发力训练三个方面，同时还要维持前面一般耐力训练和专项耐力训练这两个阶段耐力水平。一般训练时间为4~8周，在减量前安排出这阶段的训练计划。每周训练量应比上一周训练量减少25%左右，并确保训练间歇有较长休息时间，但每组训练要保持较高运动强度。另外，基础耐力和速度耐力训练量要各减少10%左右，而无氧训练和速度训练量要各增加10%左右。本阶段运动员技术不做大的改变，除非有严重技术缺陷。运动员训练注意力在最大游速，而不是为技术动作分神，训练注意游进最省力、最经济，以最少的能量消耗达到比赛所需要的最佳划幅和划频组合。同专项耐力训练阶段模式一样，长距离游泳运动员多采用短间歇训练，提高与比赛能力有关的有氧和无氧耐力。短距离游泳运动员多采用速度牵引训练、比赛速度训练和爆发力训练。

陆上训练重点提高运动员爆发力，转为快速重复练习，陆上每次结束部分应安排运动员模仿游泳动作，按照比赛频率完成动作；水中安排抗阻训练、水中顺势速度牵引训练。力量练习水中陆上均可进行。长距离游泳运动员酌情减少陆上训练时间，增加水中训练量。柔韧训练每天都要安排，可以减少时间，维持原来水平即可。运动员的水中游进技术录像分析、诊断，运动员心理训练的表象训练、放松训练等应每天进行，心理训练的重点在影响比赛和训练的心理矛盾讨论上。

（四）减量训练阶段

每一个周期的最后阶段均安排减量训练，一般2~5周时间。为减轻训练对机体的刺激，可以把训练量减到平时训练量的30%，这尤其适合过度训练和慢性疲劳的运动员恢复。研究显示，运动员的最大摄氧量或耐力水平并不会因为减量而下降，运动员运动成绩平均提高率通常达3.5%或更高。这阶段的显著变化是肌肉力量明显提高，运动员手臂肌肉力量和爆发力可提高20%左右，这对运动员形成精确协调的技术起重要作用。

三、周训练计划

训练的保障从细致安排周训练计划开始，充分训练达到最大适应程度，考虑运动员充分休息，补充耗费能量，了解能源恢复时间，避免运动员过度疲劳。在制订周训练计划时，首先考虑四类训练：基础耐力训练、速度耐力训练、比赛能力训练、短冲训练。肌糖原在经过1~2小时的高强度训练后接近耗竭，而运动员补充耗竭的肌糖原需要24~48小时。训练中，速度耐力训练和较长的比赛速度训练使得肌糖原耗竭程度升高，短冲训练中糖原消耗速度较快，但由于安排时间一般较短，因此，消耗的糖原相对较少。及时补充消耗的糖原，可促使糖原储量增加，训练中可以安排少量短冲训练。在机体需要补充糖原时，可以安排基础耐力训练，用较慢的速度游进，使得身体储备的脂肪提供大部分能量，这样机体消耗的糖原就可以少于补充的糖原。

（一）周训练计划主要内容

1. 基础耐力训练

中等速度进行短间歇训练，目的是在不过度消耗肌糖原的情况下提高有氧耐力，练习手段有基本技术练习、打腿练习、划手练习等。

2. 速度耐力训练

以最快的平均速度完成间歇时间较短的训练组合，训练目的在于保证最快速度条件下提高有氧耐力。

3. 比赛能力训练

以接近比赛速度进行低于比赛距离的反复训练，间歇时间中等或较短，目的在于提高长距离游泳运动员有氧和无氧耐力。短距离和中距离游泳运动员采用此训练可以显著提高无氧耐力。

4. 短冲训练

以很快速度反复进行训练，距离 15~200 米，目的在于提高无氧耐力和肌肉爆发力。此训练时间不宜和比赛能力训练一样长。

（二）制订周训练计划的注意事项

（1）每周至少有 3 个主要的速度耐力训练组合和 3 个速度训练组合。

（2）不要连续安排 2 次以上速度耐力训练，速度耐力训练后 24 小时内，应降低训练量和强度。

（3）训练内容安排的频度：每周安排 3~5 次特定训练手段效果才有保障。

（4）一天两练的周训练计划安排，常规方法有交替法和组合法。交替法先考虑速度耐力和无氧训练，此训练消耗肌糖原多，恢复时间 24~36 小时，其他时间可安排基本技术、基础耐力和较短速度训练，每周安排 2~3 次特殊的速度练习牵引等。组合法即速度耐力训练和比赛能力训练连续安排两次，恢复时间 36~48 小时。

（5）一天一练的周训练计划安排，两次训练间隔有 24 小时休息，运动员一般不会出现肌糖原耗竭情况。若碳水化合物摄入量不高，最好采用交替法或组合法安排周训练计划。交替法优先考虑速度耐力和比赛能力训练，间隔一天安排。在安排这两项训练为主时，基础耐力不作为主要训练内容，但可以安排（表 9–1、表 9–2）。

表 9–1　一周训练计划时间安排表

时间	星期一	星期二	星期三	星期四	星期五	星期六
上午	陆上体能	水中体能	水中体能	水中体能	陆上体能	水中体能
下午	水中体能	水中体能	休息	水中体能	水中体能	休息

表 9-2　短距离游泳周训练计划示例

周一	周二（峰值）	周三	周四（峰值）	周五	周六（峰值）	周日
重点：有氧耐力；有氧／无氧耐力 主要练习：En-1、En-2、En-3 游程：6000 米	重点：有氧耐力；有氧／无氧耐力 主要练习：SP-2，600~800 米；En-3，1500 米 游程：8000 米	重点：恢复；速度 主要练习：恢复训练 游程：6000 米	重点：有氧耐力；有氧／无氧耐力、力量 主要练习：SP-2，600~800 米 游程：8000 米	重点：有氧耐力；有氧／无氧耐力 主要练习：En-1、En-2、En-3 混合练习 游程：7000 米	重点：有氧耐力；速度 主要练习：SP-2，400~600 米；比赛节奏训练，800~1200 米 游程：6000 米	停训
注：基础耐力训练 En-1，阈值耐力训练 En-2，单乳酸训练 SP-2，超复和耐力训练 En-3。						

四、每日训练计划

每日训练计划的安排应使运动员以最有效强度完成每一组练习，需要遵循以下原则。

（1）短冲训练，为保证速度，放在训练前面部分，疲劳前进行；若训练课强度不高，也可以放在结束部分；若速度耐力、比赛能力训练在同一次课，最好先安排短冲训练。

（2）速度耐力和比赛能力训练为主要内容，应放在训练后面部分，这两项训练肌糖原消耗大，其训练之后一般安排较慢速恢复训练。基本顺序为：先进行基础耐力训练（以中等速度完成），随后进行较短的比赛能力训练（以较快速度完成），最后进行速度耐力和恢复训练。（表 9-3）

表 9-3　日训练计划示例

准备活动：300 米游泳，300 米划手，4×50 米，1 分钟包干，递增强度，共 800 米
短冲训练：6×50 米，3 分钟包干，每个 50 米之间放松 150 米，短冲 300 米，放松 750 米，共 1050 米
基础耐力训练：6×200 米划手，2 分 30 秒包干，共 1200 米
比赛能力训练：150 米、100 米、50 米打腿，第三强度，重复 4 次，包干时间分别是 3 分钟、2 分钟、1 分钟，共 1200 米
速度耐力训练：4×500 米，7 分钟包干，共 2000 米
恢复训练：8×100 米，1 分 45 秒包干，开始以基础耐力速度进行，逐渐减速，直至恢复，共 800 米

五、训练计划制订的特殊性

残疾人游泳运动队并非像健全人运动队一样常年集训，他们的训练方式比较特殊，为集训制。因为涉及各省队的财政预算，所以有些省份无法全年训练。因此，在制订训练计划的周期性上，会有所影响。

健全人游泳运动员进入国家队后，通常是省队教练跟着进入国家队继续指导。而残疾人游泳运动员到了国家队要重新分配教练，这对于运动员和教练来说，需用很长时间互相了解和磨合。

六、残疾人游泳运动队训练计划安排个性化

残疾人游泳运动队应根据每个运动员不同级别、不同距离个性化安排训练计划，但宏观设计应包括短冲训练、速度耐力训练、比赛能力训练和基础耐力训练等。

如一个教练组当中有 S2、S4、S5、S6、S8、S10、S11 级的运动员在一起训练，以一次训练计划为例，以上的这些运动员，都要按照自己的残疾类别以及功能分级进行分组训练，每个运动员都应给予不同的训练计划，即便训练计划相同，也应给予不同的距离与强度。根据不同训练阶段的训练目标，安排训练计划。

七、周期训练计划的评价

每个周期训练都有目标设立，对目标进行评估以提高运动员动机水平，各类评估方法如下。

（1）力量：最大负重推举，也可以使用标准力量练习。

（2）爆发力：水中 10~25 米爆发力游进耗时。

（3）有氧耐力：用标准耐力重复练习的耗时来评估。

（4）有氧和无氧肌肉耐力：以血乳酸 – 速度曲线在 5 毫摩尔 / 升水平以上的上下浮动水平评估高强度耐力。

（5）无氧耐力：以血乳酸峰值评估无氧代谢率变化。

（6）速度：以 25~50 米耗时评估速度。

（7）划水技术：摄像记录运动员划水技术；记录主项在竞赛环境的划幅变化。

（8）出发和转身技术：摄像评估和结合各个环节耗时评测这些技术，如出发到 5 米耗时。

（9）节奏：通过不同速度分解练习、分距离重复练习进行评估。

第二节 残疾人游泳运动员赛前减量训练

一、赛前减量训练的界定

游泳运动员在大赛前几周完成最大强度训练，再经历减量训练阶段，使得运动员身体机能得到超量恢复，这一阶段即是赛前减量期或调整期。赛前通过完善技术，逐渐减低身体负荷刺激，使运动员在特定时间、项目上达到最佳竞技状态，对比赛充满自信，没有压力。当运动员为全力冲刺做准备时，向小运动量训练过渡会引起机体超量补偿的适应性过程。赛前减量训练的目的是让运动员在身体和心理上做好准备，在比赛中发挥出最高水平。

赛前减量的原因：提高运动成绩，降低过度训练的风险。

二、残疾人游泳运动员赛前减量训练及时间安排

研究显示：若运动员在最佳竞技状态期内不进行任何训练，其最佳竞技状态可以保持 7~10 天；在两次高峰之间有足够的训练时间，运动员在 1~2 个月中可以连续出现 2~3 个竞技状态高峰。相比训练不足的运动员而言，进行基础训练的运动员往往能把最佳竞技能力保持更长时间，且在一个较短时间内竞技能力多次达到峰值。

赛前减量训练早晚取决于身体机能状态水平、发展趋势和比赛目标的组合结果。比赛规模、水平高低、对手多少、竞争激烈程度、对心理造成的压力大小、训练方法、营养恢复条件、教练训练操作调控能力、经验水平等都是影响因素。也有教练认为影响赛前减量训练安排的因素还包括运动员年龄、性别、肌肉发育程度、训练背景以及心理因素等。

优秀运动员赛前减量期依据运动员、教练和比赛项目而定，多数运动员在赛前 4~21 天进行赛前减量。10~21 天赛前减量训练可以增强肌肉弹性力量，提高肌肉利用率，达到增力节能效果。对于短时间大强度运动项目，赛前减量时间一般较中、长距离项目减量时间长。长距离自由泳运动员赛前减量训练通常为 2 周，以比赛模拟和休息为主；中距离自由泳运动员赛前减量训练一般安排 3 周，逐渐减少运动量。机能状况与保持训练负荷能力的关系是相反的，调整过多，机能上升，则训练能力下降。

男运动员赛前减量时间比女运动员长一些，这主要与肌肉质量成正相关。老运动员较年轻运动员赛前减量时间长。参加的赛事越少，赛前减量时间越长。蛙泳运动员由于腿部和手臂肌肉刺激大，减量期需要更多的休息，或是比赛能力训练少一些。15 岁以上运动员安排 21 天赛前减量训练；15 岁以下运动员安排 15 天赛前减量训练；发育成熟前

的运动员安排 10 天赛前减量训练。赛前减量训练围绕重点队员进行。

周训练次数的减少不超过 50%，保守的仅减少 20%，大量减少会导致运动员对水和特定动作感觉的丧失，训练量迅速减少也会降低成绩。

三、残疾人游泳运动员赛前减量训练负荷安排

赛前减量训练目标主要是提高运动员竞技能力，训练强度应该超过无氧阈强度，在赛前减量训练阶段多进行 90% 最大摄氧量训练可以有效提高运动员技能，每天 12%~15% 的训练量应当超过无氧阈速度。

运动员赛前减量训练阶段不但不能进行没有强度的轻松训练，而且需要花更多时间和精力进行速度训练，这样才能保持运动员训练适应。赛前减量训练强度至少要保持在最大摄氧量 90%，运动员乳酸阈才能保持最高。大强度训练能使运动员血液量和红细胞数量有提高。保持无氧阈速度（最大摄氧量 70% 以上）训练，可以使运动员耐力水平保持 5 周左右时间。

在短赛前减量期（10 天以内），训练量应该减少 80%~90%，而在长赛前减量期（2~4 周），训练量应该减少 60%~70%，运动员竞技能力会得到提高。

运动员训练频次一周 6 次，训练强度超过无氧阈强度，即使每天训练时间从 3 小时减少到 1 小时，运动员竞技能力也可以保持 5 周时间。主要减小的是耐力（35%），保证运动员在 2 分钟时间内完成比赛项目，耐力可以保持，但长距离项目的竞技能力会下降 10%。

训练频次过低会导致运动员水感明显下降，每周 3 次训练可以保持原有游泳力量和划幅水平。但若增加 1~3 次训练，达到每周 4~6 次训练，运动员竞技能力不丢失的同时可以产生超量补偿效应。研究证实，赛前减量期训练频次在每周 4~6 次的运动员竞技能力会得到提高。

关于赛前减量有两种观点：逐渐减量和迅速减量（赛前训练量在开始阶段明显下降，后面阶段保持较低水平）。若短时间的赛前减量，减量时间为一周或不足一周，阶段迅速减量减少 80%~90%，运动员耐力不会下降。对于较长的赛前减量期而言，逐渐减量让运动员在 1~2 周内以中等训练量保持，即可保持耐力水平，运动员在赛前减量的最后阶段，运动量下降到最小时达到竞技能力的最高峰。

四、残疾人游泳运动员赛前减量训练内容安排

赛前准备的内容应包括：教育、训练方法、运动医学、竞赛组织、技术、物质等。其内容、数量和时间取决于比赛意义、运动员目标、对手水平、比赛过程、比赛节奏、比赛地点的地理位置、比赛场地特征、赛前准备阶段在整个竞赛年度中的时间安排等因素。

赛前减量期重点在出发、转身、接力技术、比赛节奏训练上，每两次课训练一次出发、

转身。50 米、100 米比赛分段节奏练习成绩加起来与理想比赛成绩之差应在 0.2~0.5 秒。运动员在比赛节奏训练中，主要以达到理想划频来代替达到理想的比赛节奏。在准备活动、放松训练、基础耐力训练、恢复训练中应当以技术练习为主，在比赛节奏训练、短冲训练、高强度耐力训练时，注意力在技术动作上，这阶段也是很好的修复技术动作时期。运动员应该相信通过赛前减量可以让竞技能力达到最好状态。比赛的胜利，90% 依靠心理，10% 依靠身体。良好的比赛节奏和比赛分段练习可以增加运动员赛前减量期的信心。

赛前减量前期目的是帮助教练评估运动员疲劳程度和每一位运动员训练不平衡状况，评估运动员需要多久能从之前训练中恢复。运动员需要经历 17 周以上训练才有必要考量评估，若运动员训练周期较短，赛前两周必须用于训练。本阶段负荷较小，其目的是确保运动员通过 2~3 周赛前减量，让运动员竞技能力达到最佳状态。训练频次保持与正常训练时期一致，训练量和强度都要有一定降低。教练应该每周评估运动员的恢复速度，若运动员恢复较上一周好，精力充沛，血乳酸测试和标准段测试都有明显提高，赛中能取得好成绩，短冲训练表现出更好速度，这样运动员可在随后 1~2 周恢复正常训练。若运动员赛前第一周减量没有表现出恢复状态，后面一周进入赛前减量期，训练距离逐渐下降，确保运动员在恢复过程中不会出现耐力下降。大幅增加恢复训练，短冲训练量应逐渐减小，避免运动员因游速过快延迟恢复速度，恢复是目的，这一阶段不应增加强度。

第一周频次保持正常水平，上午训练减少 2~3 次，让运动员充分休息恢复。恢复训练的训练量从每周 10%~15% 增加到 30%~40%，基础耐力训练每 100 米时间可增加 1~2 秒，训练量增加至 30%~40%，以确保运动员耐力水平不降，促进提高。若有可能，与比赛时间保持一致训练，上午都应是恢复训练或基础耐力训练，包括配合游、打腿、划手和技术游。每周下午三次的训练安排乳酸阈强度和比赛节奏训练，保持运动员有氧与无氧耐力，基础耐力训练和放松训练也应安排。短距离运动员不需要乳酸阈强度训练和耐乳酸训练，可以通过基础耐力训练完成，但是短距离运动员每周训练应包括两次比赛节奏训练。所有队员在本周应该进行短冲训练。

每次课都要进行拉伸准备活动。若赛前减量训练表现出明显疲劳症状，需要大幅度减少训练量，减低训练强度，以恢复训练、低强度有氧训练为主，注重出发、转身、技术练习，1~2 次耐乳酸速度和乳酸阈速度练习总量不超过 800 米，这周短冲训练只能进行 1 次，2~3 天比赛节奏训练应该保持。

第二周训练与第一周保持一致。若上周运动员过度疲劳已经恢复，应该进行正常减量训练计划，若没有恢复，应该继续不同的减量计划。上午训练中进行 2~3 次比赛节奏训练让运动员更容易被动员起来。每次课运动员应进行拉伸让关节保持最大活动范围。

第三周，运动员每天训练两次，训练如前直到比赛前 3 天，运动员开赛前 3 天只做准备活动、技术训练、放松训练、少量比赛节奏训练，充足的休息有助于运动员无氧耐力和肌肉力量恢复。

短赛前减量期从赛前7~10天开始，运动员训练量应该减少80%~90%，恢复训练增加，大部分训练内容应该是基础训练，第三天进行一次乳酸阈强度训练，第七天进行一次比赛节奏训练，与第二周和第三周训练计划相似。

五、赛前准备活动热身

赛前热身的目的：为循环系统做准备，让肌肉能更快速利用氧气；拉伸关节和肌肉，增加关节活动幅度，减低肌肉和关节损伤的可能；提高肌肉收缩速度，使动作更有力；调整赛前泳姿技术、出发和转身技术；做好心理准备，更专注于个人表现。

（一）陆上准备活动

陆上准备活动的目的：克服肌肉黏滞性和防止关节损伤，注重踝关节、肩关节、腰背部拉伸和小力量快频率练习，如弹力带练习等。蛙泳选手还需要进行腹股沟和膝关节拉伸。时间5~10分钟。

（二）水上准备活动

（1）体会水感轻松游，时间10~20分钟，强度为最大摄氧量的20%~40%，配合划手、打腿和技巧练习，体会上肢和下肢划水时轻或重，身体感觉放松和充满力量为止。（图9-1）

（2）心血管机能准备，200米混合泳及控速游、划频和动作次数计数游进。研究证明低强度热身效果优于大强度热身，强度为最大摄氧量的30%~50%，接近最大速度的20%~40%，进行适当有力度的练习促进血液循环，皮肤变热但不产生疲劳，运动员在低于无氧阈的范围热身。

（3）为保证比赛中正常水平的发挥可进行短冲训练、比赛节奏训练等，身体产生的乳酸可以在比赛的第一个项目出发前至少20分钟清除。（图9-2）

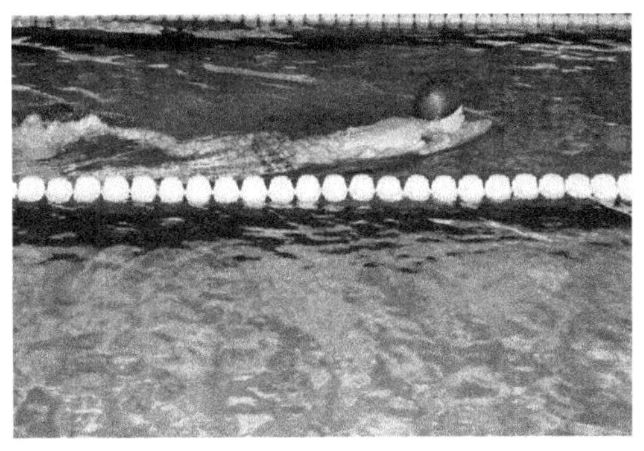

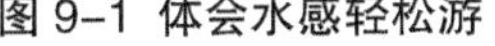

图9-1 体会水感轻松游

图9-2 比赛节奏训练

（4）转身、到边、出发技术练习，出发后应包括身体流线型滑行和水下完成出水游

进方式，可以在轻松游进时对转身触壁距离进行调整，练习提高运动员信心。（图 9-3）

（5）放松游以保持热身效果，提高血流量和氧耗，加快乳酸清除。（图 9-4）

图 9-3 出发技术练习

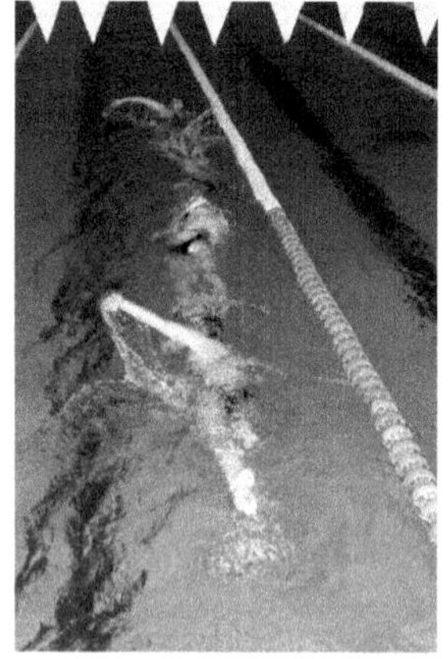

图 9-4 放松游

第十章 残疾人游泳运动竞赛裁判

第一节 执行总裁

一、执行总裁的职责、工作位置和分工

（一）执行总裁的职责

（1）执行总裁全面领导和管理全体裁判员，明确各裁判的职责和任务，严格执行国际残奥委会游泳项目委员会制定的竞赛规则，解决比赛中出现的有关问题，并可决定规则中未详尽或没有明文规定的问题。

（2）执行总裁可以随时干预比赛，以保证国际残奥委会游泳项目的规程和规则得以执行，并有权决定比赛中的各种异议。

（3）当每条泳道未配备 3 块数字式秒表而采用终点裁判时，执行总裁可在必要时决定名次。如果采用自动计时装置（AOE），则参照（自动计时程序）有关规定执行。

（4）执行总裁应确保所有裁判员在各自岗位上恪尽职守，有权替换缺席或不称职的裁判员，并在必要的情况下增补裁判员。

（5）对于出发信号发出前的出发犯规必须由发令员和执行总裁同时观察到并予以确认。

（6）除出发犯规外，根据本人的观察或其他裁判员的报告，执行总裁有权取消犯规运动员的比赛资格或录取资格。

（二）执行总裁的工作位置

执行总裁位置设在游泳池一侧靠近终点端 5~8 米处。

（三）执行总裁的分工

游泳比赛一般设男子项目执行总裁 2 人，女子项目执行总裁 2 人。临场男女各一名执行总裁负责本场全面的工作。每场比赛有一名执行总裁负责竞赛受理台工作。

二、执行总裁的赛前准备工作

在残疾人游泳竞赛前需注意：在器材设备检查时注意残疾人专用设备检查，落实场地器材设备、无障碍设施、通道、专家权威人士专项检查。

（一）残疾人专用设备和辅助人员

（1）可视信号发令器：闪光灯 1~2 个，用于 S15 级运动员出发信号。

（2）移动可视信号发令器：闪光灯 2~4 个，用于 S15 级运动员出发信号，可根据运动员需要任意摆放各出发台旁，但需使执行总裁和发令员看到。

（3）携带式可视信号：闪光手电筒 8 个，取代 S15 级运动员长距离项目摇铃提示。

（4）不透光泳镜或黑眼罩：用于 S/SB/SM11 级运动员。

（5）提示棒：用于 S/SB/SM11~S/SB/SM13 级运动员，类似钓鱼竿，一头固定有网球或其他保护性包裹物，有安全性要求。（图 10–1、图 10–2）

图 10–1 提示棒 1

图 10–2 提示棒 2

（6）发令手旗：用于 S15 级运动员，其颜色鲜艳，区别于背景色。

（7）泳道号牌：用于 S15 级运动员，1~8 号码，其字体颜色鲜艳，区别于背景色。

（8）毛巾：大毛巾 10 条，用于下肢残疾人运动员在出发台上摩擦伤口，或基层比赛头触壁的垫护；小毛巾 10 条，用于无法抓握仰泳出发器的运动员，其用嘴咬毛巾做出发准备。

（9）轮椅：供不能行走或重残级运动员使用。

（10）拐杖：供行走不便运动员使用。

（11）楼梯机：供不能行走或重残级运动员上下楼梯使用。

（12）辅助志愿者。

（二）赛前会议

在裁判报到后进行裁判长会议、全体裁判员会议、技术会议等，制定以安全为目的的特定的操作运行规定，以满足运动的需要和利于运动员安全比赛。下发《竞赛运行方案》《安全方案》《人员配置方案》《赛场宣传布置方案》《颁奖方案》《技术手册》等文件到有关部门，以确保比赛得以顺利进行。

1. 全体裁判员会议

执行总裁要在全体裁判员会议中提出如下要求：认真履行《裁判员职责》，自觉遵守《裁判员纪律》，严格执行国际残奥委会游泳章程和规则，始终遵循"严肃、认真、公正、准确"，清晰明确《残疾人游泳比赛特殊内容》，必须做到"三准""五要"。

三准：事先有准备，工作要准时，判罚应准确。

五要：工作要细致，办事要程序，处理要有据，有事要通气，对外要守密。

2. 技术会议（领队教练联席会议）

技术会议内容：裁判队伍介绍，报名、编排等有关问题说明，特定事宜、50米项目出发端、申诉程序、勘误确认等，分级公布（级别更改的名单）、重新报名确认（留意项目人数是否超限）。

技术会议要强调以下问题。

（1）依据组委会根据现有自动计时装置及发令员的位置等因素综合考量做出的相关决定，在技术会议上通报所有代表队于50米池进行50米项目比赛的出发端设置在哪一端。

（2）通告教练和领队、技术代表在赛前90分钟到场，开展工作，签发《辅助人员申请表》（须持有相应医学证明），签发《替换申请表》（须持有紧急医学证明，单指接力项目）。

（3）通报比赛其他人员。①医生：赛会临时设置以外科医生为主的医务点，配备救护车、紧急救护器材、常用药物，落实就近挂钩医院；②救生员：确保比赛运动员的安全，遇有突发意外事件，执行总裁指令救生员下水救护；③志愿者：国际国内大赛事时组成，是支具有规模的队伍，通常大范围报名招聘，配合完成服务性事宜。

（4）医疗服务。①除了反兴奋剂的相关部分，国际泳联中的医疗规则适用于国际残奥委会游泳项目委员会承认的比赛。②所有比赛中都应指定1名医疗官员。所有训练和比赛都必须配备受过训练、合格的救生员。③在国际残奥委会游泳项目委员会承认的比赛中，禁止任何有意诱发自主神经反射异常的行为。国际残奥委会关于"自主神经反射异常和增加"的声明适用于国际残奥委会游泳项目委员会承认的赛事。④在国际残奥委会游泳项目委员会主办的比赛中，不允许在游泳池和所有的官方场地使用高氧舱或低氧舱。⑤所有希望在国际残奥委会游泳项目委员会主办的比赛中对本国运动员进行血乳酸测试的国家，需向国际残奥委会游泳项目委员会提交正式申请，并遵守如下要求：根据当地公共卫生法，组委会应提供可安全处理使用过的针头等医疗用利器及废弃物的设备。⑥需要在比赛中使用保护性医疗胶带的运动员（如用于保护开放性伤口、压疮、小孔、敏感肌肤等），必须于每场比赛开赛前或在需要使用胶带时得到执行总裁的许可。违反此规定，可导致运动员被判犯规和／或被禁止参加之后的比赛。

（5）性别鉴定。

①由男性变为女性的运动员，国际残奥委会游泳项目委员会将根据现行《国际田径联合会关于变性运动员参加女子比赛的管理规定》来处理此类有关运动员性别事宜。

②由女性变为男性的运动员，国际残奥委会游泳项目委员会要求其在第一次报名参加男子项目比赛前，将下列文件提交游泳项目委员会医疗和科学主任：作为合法男性公民的证明文件；从医学角度上表明该运动员已完成变性的病例，包括在实施变性过程中的药物清单以及有关目前性激素水平的证明文件。

③由女性变为男性的运动员，其在居住国的法律地位必须是男性。

④性别转换治疗通常涉及激素和其他干扰，运动员须持有一份有效的医疗用药豁免证明以使其在国际残奥委会反兴奋剂条例下参加比赛。有些情况下，国际残奥委会医疗药物豁免委员会根据其性质和／或剂量不予颁发药物豁免证明。

⑤国际残奥委会游泳项目委员会可要求提供附加信息以核实运动员的性别。

⑥当产生运动员性别争议时，相关各方都要遵守最高保密原则。任何有关运动员性别的疑问、询问、抗议等都将视为机密。有关运动员的身份，国际残奥委会将尽最大努力进行保护。

（6）在所有的比赛中，场馆内的任何区域都禁止吸烟。

三、执行总裁的临场工作

执行总裁的临场工作分为赛前、赛中和赛后三个阶段。

（一）赛前工作

（1）各组裁判需赛前50分钟到场进行赛前准备工作，分别是执行总裁、编排记录组、自动计时组、检录组、宣告组。执行总裁重点检查场地、器材、设备、设施、有关资质证明、检录区域、颁奖区域及各工作位置、运作的大流程线路等。

（2）执行总裁过问编排、秩序单、成绩公报、成绩册、自动计时、成绩公告板、录像装置、赛会纪录等，尤其留意临近级别的并组比赛；领取由编排记录组分发的本场竞赛秩序单。

（3）办理创超纪录申请表、弃权表、分段成绩申请表（自动计时除外），备有申诉书。

（4）赛前30分钟，全体裁判员到裁判员会议室集合，由当班执行总裁组织召开赛前工作会议，编排记录组、检录组、自动计时组、宣告组派代表参加会议签到，其他所有裁判员必须签到。会后各裁判组分开，由各裁判长布置本组有关事宜，做好各组的赛前准备工作。

（5）赛前15分钟，执行总裁检查场地，宣告员配合执行总裁督促在水中做准备活动的运动员抓紧时间起水。

（6）赛前5分钟，全体裁判员到指定地点集合，本场男子项目执行总裁组织裁判员准备入场、就座。

（7）入场分两路，在宣告员的引导下，听音乐同时进场。裁判员入场后，宣告员介绍本场执行总裁、发令员、技术代表时，裁判员应鼓掌，介绍完毕看执行总裁发出坐下手势后坐下。

（二）赛中工作

（1）每项比赛（包括预赛、决赛）开始时，宣告员根据执行总裁的手势介绍项目和组别。预赛运动员出发后，宣告员开始介绍各泳道运动员；决赛运动员入场后，宣告员介绍各泳道运动员，之后运动员再出发。预赛不宣告比赛成绩（成绩已显示在大屏幕上），待该项预赛结束后根据编排记录组的成绩公告单，公布决赛或重赛名单。每项决赛结束，经执行总裁确认，宣告员公布前八名运动员的名次、成绩。

（2）每场第一组若为预赛，待自动计时和人工计时就绪后，执行总裁以手势通知检录员带运动员入场，然后以手势示意宣告员介绍项目，再按常规组织出发（短哨、长哨、手势）。后续预赛项目各组运动员上场后，执行总裁以手势示意宣告员介绍项目，再按常规组织出发。

（3）决赛项目各组，待自动计时和人工计时就绪后，执行总裁以手势示意宣告员开始介绍项目、引导运动员入场、介绍运动员（或代表队），然后再按常规组织出发。

（4）每组比赛开始时，执行总裁发出连续四声短哨时全体场上裁判员起立。各组按工作职责开展工作。

（5）组织出发时，执行总裁要注意场上情况。如果观众席噪音大影响发令，执行总裁可稍停或示意宣告员请观众给予配合，待观众安静下来再组织出发。在发令员组织出发时，执行总裁要密切注意运动员出发的动作，准确判断运动员是否抢跳犯规。

（6）比赛进行中，执行总裁在出发端10米以内活动，注意观察全面情况，对裁判员的犯规报告做出准确判断。一组比赛结束后，执行总裁及时通过手势与有关裁判长进行信息交流（顺序：同侧技术检查员→转身端转身检查长→对侧技术检查员→终点端转身检查长）。

（7）在 50 米项目中，该项执行总裁（A）在转身端组织出发，另一执行总裁（B）在终点端协助。A 确认准备就绪后，给 B 一个手势；B 以手势通知宣告员宣布该组比赛开始；A 按常规组织比赛；该组比赛结束，A 给 B 手势示意有无犯规；若无犯规，B 以手势通知自动计时长确认该组成绩。

具体程序如下。

①项目执行总裁在起点：组织出发，联络各池岸裁判长，给项目配合执行总裁确认手势。

②项目配合执行总裁在终点：鸣哨起水，与项目执行总裁联络，给自动计时长确认手势，控制宣告，控制大屏。

③接力项目：两执行总裁分别在泳池两端观察交接棒情况，项目执行总裁在起终点端，项目配合总裁在转身端。

（8）一项预赛结束后，执行总裁注意看大屏的大排序，准确判断决赛名单是否正确，是否需要重赛。

（9）每场赛前，执行总裁和各裁判长调试好无线对讲机。比赛中，有情况及时通过无线对讲机联系。每组比赛结束，技术检查员、转身检查长应起立回执行总裁手势。

（10）每组比赛结束后，如无犯规，执行总裁给自动计时长手势，若有犯规，执行总裁通过手势和无线对讲机告知自动计时长犯规泳道和犯规类型。应注意以下程序。

①犯规判罚：判运动员犯规，要有百分之百的把握再判，同时要避免漏判。

②犯规判罚报告程序：技术检查员直接向执行总裁报告运动员犯规情况；终点端和转身端的转身检查员发现运动员犯规先举手报告各组转身检查长，转身检查长了解犯规情况后，立即向执行总裁报告。该组比赛结束后，转身检查员或技术检查员立即走到执行总裁处当面报告运动员犯规情况，替补裁判员上场，替下发现犯规的裁判员。

③执行总裁确认犯规后，发现犯规的转身检查员或技术检查员负责当场填写犯规检查表并签名，转身检查员需将犯规检查表经转身检查长签字后上交执行总裁，技术检查员将犯规检查表直接交执行总裁。转身检查员或技术检查员处理完运动员犯规情况后返回岗位，换下替补裁判员。执行总裁确认犯规后及时通知自动计时长。

（11）担任自动计时监督的执行总裁负责与检录组、编排记录组和自动计时组联系，协调和处理有关弃权、取消等事宜，保证大屏上每组运动员信息准确无误。编排记录组、自动计时组在赛前要做好秩序单的校对工作，各自校对完毕后，再采用交叉校对的办法，确保准确无误。

（12）S11~S13 视力残疾运动员在比赛中，因出发或转身后进入其他运动员的泳道，或因游进中离分道线太近而意外犯规，执行总裁有权决定 1 名或本组比赛运动员重赛。如果意外犯规发生在决赛中，可令决赛重赛。

（13）由于某运动员犯规而影响其他运动员取得优异成绩时，执行总裁有权准许被干扰的运动员重新参加预赛。如在决赛或最后一组预赛中发生上述情况，可令该组重新比赛。

（14）若运动员的过失是由官员、分级师或技术人员的错误引起的，则该过失不予追究，执行总裁可以免除对该运动员的处罚。

（15）S11、SB11、SM11 级运动员比赛结束，执行总裁等待技术检查员检查不透光泳镜（黑眼罩）后，给出联络确认手势。

（16）执行总裁组织起水。每项组比赛结束，鸣 2 声短哨，提示运动员迅速起水。

（17）执行总裁签名确认伤病弃权的申请。伤病是弃权的唯一原因，除 R 级别更改导致超过限定人数外，弃权运动员将受到 50 欧元的处罚，弃权运动员只有缴纳罚金后，才被允许继续参加后续的比赛。

（18）赛事组委会设置的录像设备是判断犯规和名次的依据之一。

（19）竞赛问题受理台应设在外场，运动员和教练出入较为频繁的地方（技术会议上告知代表队领队受理台的位置，现场有受理台标识）。每次提前安排 1 名执行总裁负责本场次的竞赛问题受理的工作。由于残疾人游泳比赛较健全人游泳比赛的问题多，竞赛问题受理台的值台人需有较强的业务能力才能做好这项工作，并需要与裁判多岗及时准确配合。

编排长：应及时将比赛进行中与受理台相关的特殊情况准确传递给值台人。

检录长：应及时将比赛进行中与受理台相关的特殊情况准确传递给值台人。

执行总裁：应及时将判罚犯规的情况较为详细地准确传递给值台人（不是犯规判罚单）。

值台人与技术代表保持密切联系和特情互通。

工作方法：能处理的事宜自行处理，做好备案，并及时通报技术代表；不能处理的事宜或有书面抗议（申诉）的，应迅速递交技术代表。

工作范围：受理代表队对有关竞赛事宜的咨询（解答 / 帮助）；受理代表队对比赛判罚的询问，接受因病弃权等其他各种与竞赛有关的咨询和办理（答疑）；接收代表队提出的书面抗议（申诉）（交费 / 计时 / 递交）；对于需要技术代表处理的各队有关竞赛问题，值台人应及时转交给技术代表。

（20）技术抗议。若出现下列情况，可以进行技术抗议：①未遵守由国际残奥委会游泳项目委员会制定的章程和规则的情况；②对执行总裁的判决有异议，但不得对执行总裁有确凿证据的判决提出抗议；③出现危及比赛或参赛运动员的情况。

技术抗议必须：①提交给执行总裁；②在正式表格上填写抗议意见，该表格由国际残奥委会游泳项目委员会提供；③只能由领队提交；④同时缴纳 150 欧元的押金；⑤注意申诉问题的有效时间，应在正式成绩公布后30分钟以内提出。

执行总裁应认真答复所有抗议。如果执行总裁拒绝接受抗议，必须注明理由及做出决定的时间。执行总裁将这一决定写在抗议表格上，将其复印件交至相关领队，并公布决定。公布决定的时间要记录在抗议表格上。

如果抗议成功，则押金退回；如果抗议被否决，则押金不予退回。

（21）仲裁。仲裁委员会由技术代表和另外两名技术官员构成，但若有技术官员牵涉申诉，则该技术官员不能进入仲裁委员会处理本次申诉事宜。仲裁委员会的决定为最终决定，同时仲裁委员会会填写正式表格给予处理决定，并将该表格的复印件送至相关领队。

（22）每一场比赛结束，由本场男子项目的执行总裁发出手势，指挥本场裁判有序退场。本场裁判应注意观察男子项目的执行总裁起立手势，在听到宣告员“请裁判员退场”的广播，并看到执行总裁的起立手势时起立，随音乐朝入场的反方向有序退场。

（23）每场比赛结束裁判员退场后，男子项目执行总裁负责召集赛前裁判员在会议室开工作例会，之后召集全体裁判员到会议室参加小结会。

（24）比赛中因各种原因造成自动计时系统不能正常运行且在短时间内无法修复时，启动紧急人工计时预案。各裁判组在赛前应做好相关准备，确保预案启动后比赛的正常进行。

编排记录组：做好打印分发竞赛卡片的准备。

发令员：准备好哨子、话筒（接中央音响）。

人工计时组：人工计时长提前准备能够满足比赛用的人工计时秒表，人工计时长带领本组组员认真熟悉有关竞赛卡片的填写方法。

（25）最后一场比赛开始前45分钟，全体裁判员到会议室集合，召开比赛总结会议。全部比赛结束后各组裁判长收齐裁判用品上交场地器材部。

（三）赛后工作

根据“准确无误，尽快上报”的要求，执行总裁督促编排记录组及时完成成绩册的编制工作，审核成绩册、成绩证明、裁判证并签名（执行总裁、副执行总裁共同签名）。

第二节 编排记录

编排记录组主要针对秩序单、秩序册、成绩公告、决赛名单、重赛名单、成绩公报、成绩册进行工作。秩序单的内容是运动员比赛时间和项目安排，秩序册是竞赛指南，成绩公报是竞赛成绩的阶段竞赛结果，成绩册是最终竞赛结果。

一、编排记录组的职责、工作位置和分工

（一）编排记录组的职责

（1）编排记录长、编排记录员的职责分配。

（2）应根据规则、规程、报名表、本年度大会日程、有关材料等编制秩序册，印制表格。

（3）比赛开始后要准确记录和及时公布每项、组比赛成绩，预赛后，按成绩编排决赛秩序单。

（4）比赛结束尽快编制成绩册，请执行总裁签名后送交大会。

（二）编排记录组的工作位置和分工

1. 临场

临近自动计时室或宣告台，负责数据的处理、确认、传输。

2. 后场

（1）负责成绩公告、成绩公报、成绩册，对外接待咨询。

（2）编制后续场次秩序单、决赛名单、重赛名单，登记弃权替补、级别更改。

（3）编制团体名次总分、奖牌榜，统计创超纪录。

（4）负责文印获奖证书、成绩证明，装订，装袋。

3. 外场

张贴成绩公告、决赛名单、重赛名单、弃权替补名单，填写团体总分名次。

二、编排记录组的赛前准备工作

编排记录组的赛前准备工作分为赛前编排和其他工作。

（一）赛前编排

赛事的竞赛日程和报名表应与竞赛规程在赛前若干天前同时下发。目前用游泳比赛的编排软件，按报名表信息准确输入后可出竞赛日程、每日日程、竞赛分组，也可直接打印出竞赛卡片。

1. 编排前的准备

编排前的准备工作有以下几项。

（1）熟悉竞赛规程。

认真研究竞赛规程和有关文件，全面了解竞赛的要求和有关规定。残疾人游泳竞赛所有比赛项目只进行 2 个赛次，即预赛、决赛。对条文不清、难以理解的问题，应及时

向主办单位咨询，不可擅自决定。

（2）熟悉参赛运动员资格要求。

所有运动员必须遵守国际残奥委会的国籍政策。

根据国际残奥委会的运动员注册政策，所有参加国际残奥委会主办和批准的比赛的运动员都需在国际残奥委会游泳项目委员会注册，且在参赛年 12 月 31 日前满 12 周岁。

所有参加国际残奥委会主办和批准的比赛的运动员，须拥有国际级别。根据国际残奥委会游泳项目委员会的分级规则，状态为“N”或“R”的运动员应在比赛开始前接受国际分级。国际残奥委会游泳项目委员会决定运动员的级别和状态。

各国家和地区残奥委会为某运动员报名参加国际残奥委会主办和批准的比赛，即表明该运动员有资格并适合参加比赛。

比赛期间，如果运动员生病或受伤，应由其随队医生决定其是否继续参加比赛。如果不能出示随队医生有关运动员可以继续参加比赛的书面声明，该名运动员不能参加比赛，除非组委会能够获得相关的免责书（经法律咨询），表示运动员若在比赛中病情或伤情加重，组委会和国际残奥委会不承担责任。组委会不提供此类免责书。

如果执行总裁认为运动员参赛会有危险，包括考虑到其他运动员、官员或观众的安全，不管运动员是否持有随队医生的可参赛证明，都有权阻止运动员参加比赛。如果随队医生未到场，但随队医生委托其他专业人员或相关人士交来某运动员可参赛证明，执行总裁可以接受也可以不接受该运动员参赛。任何时候，运动员、官员和观众的健康和安全都是首要的问题，比赛结果也不能影响相关决策。

（3）熟悉报名标准和比赛形式。

报名标准（各国家和地区参赛人数、最低报名标准、设项等）会在具体比赛的技术文件中予以明确。

比赛可采取以下 3 种形式：①只举行一个级别的比赛，采用一个最低报名标准，颁发一套奖牌；②主要为一个级别举行的比赛，但允许其他级别的运动员参赛，每个级别有各自的最低报名标准，根据比赛成绩或者积分，只颁发一套奖牌；③举行多个级别的比赛，每个级别有各自的最低报名标准（在技术文件中明确），每个级别颁发各自的奖牌。

除 S10、SB9 和 S13 级别的运动员外，因未设项或者该项目报名人数少于最低报名人数而无法比赛的运动员，允许其在可能的情况下以原有级别参加高一级别的同泳式、同距离的比赛。

（4）熟悉最低报名标准。

国际残奥委会游泳项目委员会为其主要赛事制定最低报名标准，并公布在技术文件中。除非取得外卡，所有参赛运动员都必须达到最低报名标准。

报名成绩是否达标，需由国际残奥委会游泳项目委员会核查确定。只有在国际残奥委会游泳项目委员会认可的比赛中取得的成绩才予以承认。

若想取得长池比赛的参赛资格，运动员须拥有在被认可的 50 米泳池（长池）中取得的达标成绩。

若想取得短池比赛的参赛资格，运动员须拥有在被认可的 25 米泳池（短池）或 50 米泳池（长池）中取得的达标成绩。

除残奥会和世锦赛外，运动员因级别变更而致使其未能达到新级别项目最低报名标准时，不能被剥夺参赛机会。

如果因运动员级别变更，导致某国家 / 地区某级别某项目运动员人数超出报名人数限定时，需由其领队删减运动员人数以满足技术文件的要求。

（5）运动员赛前声明。

参赛者必须赛前声明适合参加比赛，只可因医学原因提出弃权。

（6）及时更新运动员级别。

运动员在比赛期间被分级复查、级别抗议，或因其他原因导致其级别发生改变。

轻改重（变动到较低级别）：首次出场，运动员获得的名次和奖牌都将予以承认，取得成绩应纳入新级别中；首次出场后，运动员应尽可能参加到新级别比赛中。如果运动员已获得原级别的决赛资格，允许其参加原级别的决赛。

重改轻（变动到较高级别）：首次出场，运动员获得的名次和奖牌都将不予承认，取得的成绩应纳入新级别中。运动员只允许参加新级别的比赛。

（7）统计各项参加人数。

2. 编排竞赛日程

（1）根据赛程编排几天几场比赛，一般为 1 天 2 场（上午和晚上，无灯光场地时上午和下午），每场 2~3 小时，各场次时间大致相同。

（2）每项、各赛次都写有 1 张小纸条，小纸条上标出：性别、级别、距离、泳式、赛次、人数、组数、用时。（例如：男子 S6 级 100 米蛙泳，如有预赛、决赛 2 个赛次，应有 2 张小纸条）。

（3）常规按距离每组的用时预估为：

50 米用时 2~3 分钟。

100 米用时 3~5 分钟。

200 米用时 5~6 分钟。

400 米用时 7~8 分钟。

800 米用时 12 分钟。

1500 米用时 22 分钟。

（4）颁奖仪式的用时预估（残疾人运动员行动不便，可酌情增加时间）为：

每项的颁奖仪式（颁奖）用时：4 分钟。

每项的颁奖仪式（颁奖、升旗、奏国歌）用时：7 分钟。

（5）汇总以上用时得出比赛的总需用时，除以场次数，得出每场平均用时；根据赛场条件预估时间，安排每场的项目。

（6）当天清项，当天上午预赛，晚上 / 下午决赛。

（7）兼项休息，基本保证运动员兼项休息时间 30 分钟。

（8）优先安排，自由泳项目（最多）、接力项目（与短距离错开）。

（9）跟随安排，男女同项目，不同级别同项目。

（10）隔开安排，同级别、同泳式的不同距离项目。

（11）首场首项安排，避开短距离项目（人员、环境、设备、配合的运行适应）。

（12）考虑因素，50 米项目，颁奖仪式。

（13）考虑运动量，800 米、1500 米项目隔天安排赛次或只进行 1 个赛次。

3. 预赛的编排

（1）所有参赛运动员都应提交在比赛规定的期限内取得的最好成绩。成绩相同的运动员，其顺序通过抽签决定。

（2）预赛分组。

①只有一组时，应按决赛编排并安排在决赛时段进行。

②有两组时，报名成绩最好的运动员应编在第二组，次好的编在第一组，再次好的编在第二组，以此类推。

③有三组时，除 400 米、800 米和 1500 米比赛项目外，报名成绩最好的运动员应编在第三组，次好的编在第二组，再次好的编在第一组，第四名编在第三组，第五名编在第二组，第六名编在第一组，第七名编在第三组，以此类推。

④当有四组或四组以上时，除 400 米、800 米和 1500 米比赛项目外，最后三组按上述③的方法编排。所剩运动员，按其成绩顺序编满倒数第四组，再剩余运动员再编满倒数第五组，以此类推。

⑤对于 400 米、800 米和 1500 米的比赛项目，最后两组按上述②的方法编排。

⑥两组或两组以上的任何预赛组内，每组应至少有 3 名运动员。但在编排后，如有运动员弃权，则该预赛组内可以少于 3 名运动员。

⑦如果游泳池设有 10 条泳道，在 800 米和 1500 米自由泳预赛出现第八名有 2 人成绩相同时，比赛将启用第 9 泳道，用抽签的方式决定第 8 泳道和第 9 泳道的运动员；当 800 米和 1500 米自由泳预赛出现第八名有 3 人成绩相同时，比赛将启用第 9 泳道和第 0 泳道，用抽签的方式决定第 8 泳道、第 9 泳道和第 0 泳道的运动员。

⑧不同类别、不同项目、不同性别、不同距离、不同赛次不能并组比赛，只有不同级别的运动员可以并组进行比赛。

（3）泳道的安排。

①泳道的安排应为：在出发端面向泳池，第1泳道在游泳池的右侧，若是设有10条泳道的游泳池，最右侧则为第0泳道。除了在50米池进行的50米项目的比赛外，游泳池泳道数为奇数时，成绩最好的运动员或运动队应编排在中间泳道。在设有6条或8条泳道的游泳池内比赛时，成绩最好的运动员或运动队应编排在第3或第4泳道。在使用10条泳道的游泳池内比赛时，成绩最好的运动员应安排在第4泳道，成绩次好者安排在其左侧泳道，接着按报名成绩顺序将运动员交替安排在其右侧和左侧泳道。成绩相同的运动员通过抽签，按上述方法安排泳道。

②在50米池进行50米项目的比赛，组委会可以根据现有自动计时装置和发令员的位置等因素，决定是从出发端游向转身端，还是从转身端游向出发端。在哪一端出发，需得到技术代表的同意。组委会应在比赛开始前将决定告知运动员。无论从哪端出发，均按照在出发一端进行的方法编排。

4. 决赛的编排

（1）预赛可使用10条泳道，决赛只能使用8条泳道。如果无须进行预赛，泳道的安排依照上述预赛（3）的方法执行。如果已经进行过预赛，泳道的安排则根据预赛成绩，依照预赛（3）的方法执行。

（2）在同一项目中，如果精确到1/100秒，同组或不同组的运动员预赛成绩相同，且都排在第八名时，须进行重赛，以决定哪一名运动员将进入决赛。接力的重赛必须是原班运动员按原顺序进行；争替补先后顺序也应重赛，但可以抽签决定先后；长距离自由泳甚至可以9个人进行决赛。重赛应在所有相关运动员游完预赛后进行，并在赛事管理方和涉及重赛双方协商的时间内进行。若重赛后成绩仍相同，再重赛。必要时，将采用重赛来决定第1替补运动员和第2替补运动员。

（3）若决赛中一名或多名运动员弃权或未到比赛现场，则按照预赛的成绩顺序依次替补。大会应重新编排，及时公布增补秩序单，并在秩序单上详细说明变更或替补情况。

5. 编印秩序册

（1）秩序册编排原则：①不同性别（男女混合接力除外）、不同类别、不同项目（泳式＋距离）、不同赛次不能混合编组比赛；②不同级别（临近的级别）可以合组比赛，但按级别分开录取名次。

（2）尽快在秩序册上标出相应运动员的例外符号，并打印、分发给裁判员。

（3）备有、发放接力棒次表（有级别、例外符号，旧版规则有替补）、替补申请表、辅助人员申请表、弃权表等；及时更新级别更改；及时审核、更新纪录表。

（4）秩序册的内容。

——封面，含比赛名称、时间、地点、主办单位、承办单位、协办单位。

——目录。

——竞赛规程及有关补充通知。

——组委会及办事机构人员名单。

——仲裁委员会名单。

——裁判员名单。

——各代表队名单。

——大会日程。

——竞赛日程。

——竞赛分组表（目前采用秩序单）。

——各代表队人数统计表。

——有关比赛纪录及运动员等级标准。

——比赛场地平面图。

注意：保存或备份原始数据库，做好级别更改后用于原始数据的备查、调取或恢复。

（5）秩序册注意事项。

①例外符号是医学分级对各运动员给出的特定具体指向。编排记录组在裁判员使用的“秩序单”中“运动员姓名”后，标出例外符号，提供给裁判员。

②运动员纪录的处理。除非自动计时装置计取的成绩，否则分段或接力第 1 棒所创成绩须由领队书面向执行总裁提出申请；运动员在比其高一级别的比赛中可以创造其所在级别的纪录；只有在国际残奥会游泳委员会认可的赛事中，注册、级别状态为 C 或 R 的运动员所创成绩方能被批准为纪录；级别状态为 N 或 R 的运动员所创世界纪录在批准前，该运动员必须根据现行注册政策再次进行级别验证。

（二）其他工作

1. 准备工作用物品

通常编排前期即应考虑到工作用物品，编排时一并开出器材单。

（1）设备。

计算机 3~4 台、打印机 2~3 台、快速复印机 2~3 台、网络传输器材 1 套、音响 1~2 套、可直播比赛现场的电视机 2~3 台、放松设备若干。

（2）用具。

不透光泳镜（黑眼罩）8 副、提示棒 8~10 根、可视信号 4~6 个、发令手旗 1 个、泳道牌号 1 套、轮椅 2~4 副、拐杖 3~5 根、秒表 30 块、书写夹板 35 块、报趟牌 8 套、摇铃 8 个、发令电笛 1~2 个、口哨 4~6 个、手提扩音器 2 个、衣物框 24 个、书写板 1 个、时钟 1 个、温度计 1 个、告示板 1 块、休息垫若干、按摩床若干，等等。

（3）用品。

毛巾 8~10 块、布带 4~6 条、签字笔 60~80 支、两色记号笔 4~6 支、大夹子若干、小夹子若干、胶水 3 瓶、切纸刀 2 个、订书机 3 个、订书针若干盒、大文件袋 10 个、纸张（A4 纸若干包，专门制作奖状）等。人工计时需要竞赛卡片若干张、皮筋 3 盒、回形针 2~4 盒。

2. 准备裁判工作表格

（1）编排记录组使用的表格。

——接力参赛报名表（专项表，有级别、例外符号、替补）。

——接力棒次表。

——辅助人员申请表。

——替补申请表。

——竞赛成绩公布表。

——决赛名单公布表。

——前八名成绩公布表。

——团体总分公布表。

——创纪录统计表。

——犯规统计表。

——成绩证明申请表。

——获奖证书。

——成绩证明。

（2）其他裁判组使用的表格。

——人工计时存查表。

——自动计时技术统计表。

——终点存查表。

——终点综合名次登记表。

——比赛名次报告表。

——长距离项目记趟表。

——犯规检查表。

——发令正、误及运动员犯规登记表。

——个人单项分段创纪录申请表。

——弃权报告单。

——申诉书。

——执行总裁意见仲裁决议书。

——裁判工作总结表。

3. 熟悉项目编排中所承认的纪录

（1）承认下列男子、女子项目的长池和短池的世界和 / 或地区纪录：

个人项目：

50 米	自由泳	S1~S13
100 米	自由泳	S1~S14
200 米	自由泳	S1~S14
400 米	自由泳	S6~S14
800 米	自由泳	S6~S14
1500 米	自由泳	S6~S14
50 米	仰泳	S1~S13
100 米	仰泳	S1~S14
200 米	仰泳	S6~S14
50 米	蛙泳	SB1~SB13
100 米	蛙泳	SB1~SB14
200 米	蛙泳	SB4~SB14
50 米	蝶泳	S1~S13
100 米	蝶泳	S5~S14
200 米	蝶泳	S8~S14
75 米	个人混合泳	SM1~SM4（短池比赛时不含蝶泳）
100 米	个人混合泳	SM1~SM13（仅限短池比赛）
150 米	个人混合泳	SM1~SM4（不含蝶泳）
200 米	个人混合泳	SM3~SM14
400 米	个人混合泳	SM8~SM14

接力项目：

4×50 米	自由泳接力	S1~S10	最大分值为 20 分
4×50 米	混合自由泳接力	S1~S10	最大分值为 20 分
4×100 米	自由泳接力	S1~S10；S14	最大分值为 34 分

4×50 米　混合泳接力　　S1~S10　　　最大分值为 20 分
4×100 米 混合泳接力　　S1~S10；S14　最大分值为 34 分
4×50 米　自由泳接力　　S11~S13　　　最大分值为 49 分
4×100 米 自由泳接力　　S11~S13　　　最大分值为 49 分
4×50 米　混合泳接力　　S11~S13　　　最大分值为 49 分
4×100 米 混合泳接力　　S11~S13　　　最大分值为 49 分

（2）所有纪录均为在国际残奥委会游泳项目委员会承认的正式比赛或个人计时赛中取得的成绩。

①每条泳道的长度都必须经由测量员测量核准并提供书面证明。

②使用可移动池壁的游泳池进行比赛时，如运动员创造了世界 / 地区纪录，在该场比赛结束后，必须由测量员对泳道长度重新进行测量核准。

③由下列装置计取的成绩，方可被承认为纪录：自动计时装置，或半自动计时装置（自动计时装置失灵的情况下）。

（3）如果运动员的成绩在 1/100 秒都相同，则被认定为相同纪录，运动员被称为“纪录共同保持者”。

（4）在淡水里取得的成绩才能被承认为纪录。任何在海水或海洋里取得的成绩都不被承认为世界纪录。

（5）除非是由自动计时装置计取成绩，否则如果运动员申请个人项目中的某一分段成绩为世界纪录，须由该运动员领队在相关场次开赛前以书面形式向执行总裁提出。运动员还必须按规则游完该项全程，方可申请这一纪录。

（6）接力比赛中，第 1 棒运动员的成绩可申请为世界纪录，只要该队领队在相关场次开赛前以书面形式向执行总裁提出即可。若该名运动员按规则有关规定在本棒游程中创造了纪录，即使本接力队因其他队员在其后犯规被取消录取资格，这一纪录仍应被承认。

（7）在国际残奥委会游泳项目委员会委派了技术官员参加的国际比赛中创造的所有纪录，将自动生效。

（8）运动员在高一级别的比赛中取得的成绩可以作为他本级别的纪录。

（9）申请纪录必须由组委会的专门负责机构填写国际残奥委会游泳项目委员会的正式表格，同时提交自动计时装置记录的成绩单，并于创造纪录后 15 日内上交。

（10）只有在国际残奥委会游泳项目委员会认可的赛事中，由已注册并且级别状态为“C”或者标明复查时间的“R”的运动员所创造的成绩方能被批准为纪录。

（11）由级别状态为“N”或“R”的运动员创造的世界纪录，在批准前必须根据现行的国际残奥委会运动员注册政策再次对运动员的级别进行验证。

（12）如果国际残奥委会游泳项目委员会接受了某项纪录的申请，则国际残奥委会游泳项目委员会的代表将签发证书，并将证书交予运动员所在的国家 / 地区残奥委会。

三、编排记录组的临场工作

编排记录组的临场工作可分为赛前、赛中和赛后三个阶段。

（一）赛前工作

（1）赛前做好各种竞赛材料的印制、分发计划。

（2）技术会议后及时修改报名信息，尽快完成编排竞赛秩序单的工作。

（3）每场赛前，派专人在编排室接收该场接力棒次表，输入接力名单，核对无误后生成接力项目竞赛秩序单，分送技术代表、执行总裁、宣告员、终点端检查组、检录组。

（4）每场赛前，及时生成竞赛日程信息文件、竞赛秩序信息文件，发送给自动计时（大屏显示）系统。

（5）执行总裁、教练联席会议及每天预赛场后，及时编排好竞赛分组表分发各队。赛前做好秩序单校对工作。

（二）赛中工作

（1）比赛中，准确记录并及时处理各项成绩。

（2）每项预赛结束后，及时生成决赛秩序单。若有重赛，立即生成重赛秩序单 2 份，分送宣告员和检录组。

（3）每项结束后，及时打印成绩公告两份，由执行总裁签字后，一份张贴到成绩公告栏，一份留存。

（4）确定预赛相对名次的方法。

①比较所有运动员的正式成绩以确定其相对名次；

②如果一名运动员的正式成绩与另一名或多名运动员的正式成绩相同，则该项中具有相同成绩的所有运动员名次并列。

（5）排名。

①国际残奥委会游泳项目委员会根据赛事组委会提交的在其承认的赛事中的运动员成绩，进行长池和短池的各项目世界排名和地区排名。

②各项目比赛成绩必须在比赛结束 15 日内按照格式要求上交国际残奥委会游泳项目委员会。

③只有已经在国际残奥委会游泳项目委员会注册的运动员，其成绩才可被国际残奥委会游泳项目委员会承认并排名。

④级别状态为 R，或明确了重新分级日期的 R 级别状态的运动员参加赛前分级，且其级别发生了改变，则新级别立即生效。之前取得的成绩应保留在原级别中，不能用于新级别。

（6）发现竞赛规程中规定的处罚情况时，填写处罚通知单，将处罚通知单张贴到成绩公告栏并及时通知有关单位。

（7）接受成绩证明申请单，及时打印成绩证明单和获奖证书，签字盖章后与奖状在会后一起发放到各队。

（8）及早做好编印成绩册的准备。按竞赛规程的规定，比赛结束后，应在各队离会前将成绩册分发到各队，及时提交承办单位。

（9）临场需替补（弃权）时的工作步骤。

①在国际残奥委会游泳项目委员会主办和批准的比赛中，在提交最终报名表之后，运动员只可因医学原因提出弃权。

②比赛期间，运动员因医学原因弃权，通常应在本场比赛开始前 30 分钟提出，并按照技术会议上的要求，填写正式弃权表，经队医或大会医疗官员签字确认上交。

③接收有执行总裁签名的弃权表，及时处理弃权替补。

——预赛弃权，不管空道否，不动。

——决赛弃权，或未到比赛现场，则按第 1 替补、第 2 替补，或预赛成绩排序依次替补（无法排序时用抽签决定）。

——重新整理排序。

——重新编制出决赛名单分送执行总裁、检录组、宣告员、发令员、计时员、检查员，或在下一场秩序单上显示。

——外墙张贴，告知详细的变更或替补情况；秩序单上对应处做好记录。

（10）重赛运动员的确定。预赛结束后，如果有运动员成绩相同而涉及参加决赛人选的确定时，应区分不同情况分别处理。①预赛结束，被录取参加决赛的第 8 名有 2 人或 2 人以上成绩 1/100 秒都相同时，必须重赛。宣告员宣告，相关运动员或教练立即到检录处进行泳道确认；编制重赛名单，分送执行总裁、检录组、宣告员等。②重赛安排在所有有关运动员游完预赛至少 1 小时后进行（或经有关方面协商确定时间）。但通常采用在本场比赛最后一项结束后立即进行。以重赛名次确定参加决赛人选（承认其重赛中的创纪录）。③重赛后成绩仍相同，再次重赛；必要时，以重赛来确定第 1 替补和第 2 替补的运动员。

（11）注意事项：①接力项目成绩单上，只要第一棒正常，不论以后犯规否，均要显示第一棒成绩或犯规之前的各棒成绩；②临近级别并组比赛分级别录取名次时，分屏显示，分级别录取。若有创超纪录，仔细核对，做好记录；③运动员在比赛中或比赛结束后失去资格，在成绩公告中不公布成绩或只公布比赛时间、地点。

（三）赛后工作

（1）随比赛进程，逐项累加编制每场成绩公报，统计汇总团体总分名次、创超纪录等，逐步编制完成成绩册。成绩册交由执行总裁和副执行总裁签字。成绩册封面含比赛名称、时间、地点、主办单位、承办单位、协办单位；成绩册内容包括获得体育道德风尚奖运动队 / 运动员名单、创超纪录、团体总分名次（或奖牌榜）等。

（2）竞赛成绩编排原则。

①选择性别。性别顺序为：男、女、男女混。

②在性别前提下，选择泳式。泳式顺序为：自、仰、蛙、蝶、个混、自接、混接。

③在性别、泳式前提下，选择距离。距离顺序为：50 米、100 米、200 米、400 米、800 米、1500 米（75 米、150 米）。

④在性别、泳式、距离前提下，选择级别（先重后轻）。级别顺序为：S1、S2、S3、S4、S5、S6、S7、S8、S9、S10、S11、S12、S13、S14、S15（SB/SM）。

⑤在性别、泳式、距离、级别前提下，选择赛次。赛次顺序为：决赛、预赛。

可用自动计时系统打印出各项竞赛成绩，剪裁后按上述原则整理张贴在 A4 纸上，编上页码，足数复印，理顺装订或放入赛前制成的成绩册夹袋中。

第三节　检录

一、检录组的职责、工作位置和分工

（一）检录组的职责

（1）检录员发现运动员违反了有关广告和泳装的规定，以及运动员缺席检录时，应向执行总裁报告。

（2）检录员负责布置检录处，核对运动员竞赛卡片。

（3）检录员每组比赛前负责点名，带领运动员入场，比赛完毕带领运动员离场，发奖时负责点名及引导工作，配合兴奋剂检测人员做好抽检工作。

（二）检录组的工作位置

检录室一般划分为第 1 检录室和第 2 检录室。第 1 检录室用于检查参赛运动员的泳装，有运动员座椅，方便运动员进出，直通第 2 检录室。第 2 检录室用于点名，有 5~6 组 1~8 号位的运动员座椅，空间宽敞，环境舒适。

（三）检录组的分工

检录长 1 人，副检录长 1~2 人，检录员 5~8 人。

二、检录组的赛前准备工作

检录组的赛前准备工作主要包括检录的准备和志愿者的培训两部分。

（一）检录的准备

（1）布置外场检录处和内场候赛席。检录处运动员座椅最少 4 组，每组够 8 人坐，座椅背（上）应粘贴好清晰的不干胶数字号码；内场候赛席运动员座椅最好 2 组，最少 1 组，每组够 8 人坐，座椅背（上）应粘贴好清晰的不干胶数字号码；装衣箱最少 3 套，每套够 8 人使用，装衣箱（上）应粘贴好清晰的不干胶数字号码；检录处应有音响、扩音设备，应有供运动员休息使用的体操垫；检录处和候赛席要有挂钟，公布室温、水温以及余氯、pH 值的公告板，供检录处工作人员使用的办公桌椅。

（2）搬箱员（志愿者）应在 16 人以上，一定要进行思想教育和搬运、行走、放置统一动作等工作的培训。

（3）应把当场的比赛项目顺序、组数、人数、比赛时间、检录时间等内容准备好，每场赛前在检录处公布。

（4）到编排记录组领取比赛所需的弃权表、接力棒次表、个人单项分段创纪录申请表等各种表格。如采用人工计时，还需在赛前到编排记录组领取竞赛卡片，核对无误后妥善保管。

（5）与大会颁奖、兴奋剂检测的负责人联系、沟通、协调工作流程及配合方法。

（6）认真参加赛前实习，查找问题，改进工作。

（7）备好残疾人比赛用具。

（二）志愿者的培训

1. 志愿者工作职责

志愿者在国际国内大赛事前组成，是一支具有规模的队伍，通常大范围报名招聘，配合完成服务性事宜。主要开展以下工作。

（1）手语辅助：哑语交流沟通服务。

（2）英语辅助：英语交流沟通服务。

（3）竞赛辅助：文印、整理、联络、发送。

（4）行政辅助：接站、接待、迎宾、引导、咨询、服务。

（5）检录辅助：管理热身活动、引导入场离场、更换衣物柜、管理服务。

（6）编排辅助：跑单、文印、整理。

（7）保障辅助：管理竞赛器材、发出收归、挂摘 5 米旗、管理服务。

（8）颁奖辅助：管理候奖，管理引导礼仪队伍、托盘礼仪队伍、升旗仪仗队伍。

（9）体育展示辅助：播音、制作、拟人卡通互动、短节目表演等。

（10）公共区域辅助：赛馆内外观众席秩序引导、管理，宣传，商品销售服务等。

2. 志愿组赛场工作准备

（1）预赛，看执行总裁手势或前组到达终点时进场；决赛，宣告员宣布项目、给出音乐后，听音乐进场。

（2）上泳道后，前领者到第 1 名运动员的前一泳道，转身面向内看其就座，发现错误纠正；后送者到最后 1 名运动员的后一泳道，面向内管理；两名引导员分别位于第 0 泳道和第 9 泳道外侧（如无第 0 泳道和第 9 泳道，则位于两侧泳道外侧），相向站立，注意观察运动员上道情况。 当执行总裁鸣短哨后，转身面对泳池；当执行总裁鸣第 1 声长哨后，自行退场。待运动员出发后再返回检录处，准备引导下一组运动员上场。

（3）退场：志愿者在规定的起水池侧，引导运动员起水，指引其领证方向。

（4）领证：内场设有工作台，在该项组运动员进场时，收集参赛证，对应放置在工作台上，赛后退场时让运动员领取。

（5）负责搬运衣箱的志愿者：明确进出路线，把握进出时机，行进整齐精神，动作统一规范。

（6）换框：由 3~4 组的 8 名 1 组的志愿者，在不影响比赛和裁判员工作的前提下，对衣物框进行更换。

三、检录组的临场工作

检录组的临场工作可分为赛前、赛中和赛后三个阶段。

（一）赛前工作

（1）每场比赛开始前 1 小时到达现场检录处，再次检查准备工作是否妥当、完备。由专人负责组织、指挥搬箱员（志愿者）做好服务工作。公布该场比赛的竞赛日程表和比赛分组表，公布该场的气温及水温，调准挂钟时间。如本场有接力项目比赛，要反复提醒运动队及时（赛前半小时）到编排记录组上交接力棒次表。

（2）离开赛还有 30 分钟时，检录长本人或派专人参加全体裁判员赛前工作会议。

（3）在接收运动员个人单项分段创纪录申请表时，必须检查是否有当场执行总裁的签名。如没有签名，请该运动员的教练或领队到当场执行总裁处签名；如有，马上复印两份，分别交给自动计时长和执行总裁。

（4）检录组还需配备哑语翻译和比赛所需特殊器材，如不透光泳镜（黑眼罩）、提示棒、毛巾、布带、轮椅、拐杖等。

（5）检录长在赛前还要准备好备用的提示棒和不透光的泳镜，运动队的相应器材意外损坏时可以借用。

（6）检录长在赛前要检查装衣箱是否可用，装衣箱 3~4 组，每组 8 个，每组用不同颜色显示组号、泳道号。检录长还要负责辅助人员的进场和退场培训。

（7）每场比赛都应准备好用于运动员赛前涮泳镜的水桶和干净的水，防止运动员到池边涮泳镜。

（8）备有有领队或教练签名的接力棒次表（另有级别、例外符号）、执行总裁签名的弃权表、技术代表签名的替补申请表（附有紧急医学证明）、技术代表签名的辅助人员申请表（附有医学证明）等，及以上表格的空白表。比赛如采用人工计时，应指定专人从编排记录组领取本场竞赛卡片，与竞赛秩序单核对后妥善保管。

（9）催交、接收有领队或教练签名的接力参赛报名表（表中有替补姓名、级别栏）。记录登记表格接收的时间；核对级别、例外符号，计算接力队的分值；混合泳接力重点核对蛙泳运动员的级别，并计算接力队的分值；立即交监督编排并复印留底以供检录用。有误时报告执行总裁。

（10）按重新编排的秩序单检录。

（11）人工计时时，每场比赛前还要核对运动员竞赛卡片，如有误，与编排记录组联系处理。

（12）管理运动员热身活动的秩序，每场赛前，运动员在比赛池做准备活动时，两端转身检查组各派一名替补裁判提前到场，到场地第 0 泳道和第 9 泳道值班，防止运动员逆向游进造成伤害（值班时间至赛前 15 分钟起水时止）。严格按指示牌规定进行管理，确保安全。除冲刺泳道外，其他泳道禁止从出发台上或平台上跳水，禁止从池岸跳入池的违规行为。热身运动禁止戴划手掌。

（二）赛中工作

（1）预先熟悉对应运动员例外符号，及时提醒相关工作人员注意及提供服务。

（2）每项比赛前 20 分钟开始检录。第 1 检录室第一次点名对运动员进行身份确认，检查运动员的参赛证，要先检查运动员泳装是否符合规则要求，不合格者不允许进入第 2 检录室。点名时提示运动员点名后不得离开检录处。

（3）有关泳装的要求。

①仅允许使用国际残奥委会游泳项目委员会批准的泳装。

②允许为适应运动员的身体残障而对泳装进行修改。

③所有运动员的游泳装备（包括泳衣、泳帽和泳镜）必须符合道德规范，适宜各个项目的比赛，不得带有任何可能被认为具有攻击性的标识。

④所有泳装应为不透明的。可以戴两个泳帽，两个泳帽都必须符合相关规定。

⑤在游泳比赛中，运动员只允许身穿一件连体或分体泳衣。不允许手臂或腿部佩戴额外物件。

⑥男式泳装的长度，上不能超过肚脐，下不能低于膝部。女士泳装不能覆盖颈部，延伸不能超过肩部，长度不能低于膝部。所有泳装应由纺织品材料制成。

⑦公开水域比赛采用的男式、女式泳装均不能覆盖颈部，延伸不能超过肩部，长度不能低于脚踝。

（4）有关广告的要求。

①广告指生产商、国际残奥委会游泳项目委员会以外的组织或公司的名称、商标、标识或其他特殊标志等的展示。在国际残奥委会游泳项目委员会主办和批准的比赛中，按照以下规定，广告标识可以出现在游泳装备（如泳衣、泳帽、泳镜和周边物品）上，周边物品如运动装、技术官员制服、鞋、毛巾和提包等。

②泳衣上广告的要求：

——在涉及广告的问题上，分体式泳衣被视为连体式泳衣。

——生产商的标识，当运动员穿着时最大不超过 30 平方厘米。连体式泳装允许有 2 处生产商的标识，一处在腰部以上，一处在腰部以下，当运动员穿着时每处均不得超过 30 平方厘米且两处标识不得相连。分体式泳衣须将 2 个标识分别置于泳衣的两个部分上。

——一处国旗和一处国家名称（或英文缩写），当运动员穿着时不得超过 50 平方厘米。

——一处赞助商的标识，当运动员穿着时不得超过 30 平方厘米。

③泳帽上广告的要求：

——一处生产商的标识，在泳帽前面，大小不得超过 20 平方厘米。

——一处国际残奥委会合作伙伴或国际残奥委会游泳项目委员会的标识，尺寸由国际残奥委会根据赛事决定，具体位置由国际残奥委会游泳项目委员会提出建议。

——一处国旗和 / 或一处国家名称（英文缩写），面积为 32 平方厘米，具体位置由国际残奥委会游泳项目委员会提出建议。

——运动员姓名，面积为 20 平方厘米，应与国旗和国家名称（英文缩写）的位置在同一侧。

④泳镜上广告的要求：

允许出现两处生产商的标识，面积不超过 6 平方厘米，但只能出现在镜架或镜带上。

⑤号码布上广告的要求：

——号码布的最大尺寸应为 24 厘米（宽）× 20 厘米（高）。

——号码布上的数字高度为 6~10 厘米。

——数字上方的标识高度不得超过 6 厘米，可以是赞助商的名字或标识。

——数字下方的标识高度不得超过 4 厘米，可以是主办城市的名字或标识。

——号码布印制的颜色须保证数字清晰可见。

——在运动员介绍和颁奖仪式的环节，号码布必须清晰可见。若运动员在比赛开始介绍运动员前或颁奖仪式结束前取下号码布，则有可能被取消比赛资格。

——只有一个国际残奥委会赞助商的标识可以出现在号码布上。但是，在同一锦标赛中，男女运动员可以分别各有一个赞助商。

⑥每件装备上可有两处广告标识，其中一处为生产商标识，另一处为赞助商标识。当出现在以下服装上时，每一处广告标识最大面积不得超过 40 平方厘米；当出现在以下配件和设备上时，则广告标识的面积不得超过 6 平方厘米。

——圆领短袖衫（面积不超过 40 平方厘米）。

——有领短袖衫（面积不超过 40 平方厘米）。

——休闲衬衫（面积不超过 40 平方厘米）。

——圆领长袖运动衫（面积不超过 40 平方厘米）。

——浴袍（面积不超过 40 平方厘米）。

——运动服上衣（面积不超过 40 平方厘米）。

——长裤（面积不超过 40 平方厘米）。

——短裤（面积不超过 40 平方厘米）。

——裙子（面积不超过 40 平方厘米）。

——防风夹克（面积不超过 40 平方厘米）。

——毛巾（面积不超过 6 平方厘米）。

——棒球帽（面积不超过 6 平方厘米）。

——圆檐帽（面积不超过 6 平方厘米）。

——袜子（面积不超过 6 平方厘米）。

——鞋（面积不超过 6 平方厘米）。

——包（不超过包表面积的 10%，最大 60 平方厘米）。

服装上的标识必须位于胸部一侧上方，以便于国际残奥委会要求的号码布在其下方清晰可见。此外，仅就上衣而言，生产商的标识（宽不得超过 8 厘米）还可以长条形式出现在下列位置之一：两只衣袖的底部附近，两只衣袖的外侧接缝部位（从领肩顶部到衣袖的底部）；而仅就下装而言，生产商的标识（设计商标，宽不超过 8 厘米）还可以长条形式出现在双腿外侧裤线上（从腰带到裤腿的底部）。

⑦出现任何未在本规则规定之列的广告标识都属违规。任何服装违反这些规定，都必须按照国际残奥委会游泳项目委员会规则规定立即拆除和更换。如不能及时得到纠正，则参赛者可能会被要求穿着由大会组委会提供的服装。

⑧对于所有参加国际残奥委会游泳项目委员会主办的比赛的国家，国际残奥委会游泳项目委员会保留其要求各参赛国于赛前出示有关广告标识以检查广告标识是否符合规则规定的权利。

⑨禁止任何形式的体绘广告（包括文身和符号）。

⑩禁止烟酒广告。

（5）在第2检录室进行正常检录，每项比赛前10分钟第二次点名，并请运动员按道次顺序坐好，检录时要检查运动员的身份证。如果出现身份证姓名和秩序单上姓名不一致的情况，立即报告执行总裁处理。第二次点名未到者按弃权处理（决赛须由点名替补运动员替补），应将缺赛的运动员姓名填入弃权表，并复印4份，分别送执行总裁、自动计时长、人工计时长或转身端技术检查长（50米项目）和宣告员，底单交编排记录组。检录时把弃权报告单和该运动员的计时卡片放置一起，待前一组运动员出发后，将下一组运动员带入内场候赛席（短、长距离可提前或稍后），人工计时时，计时卡片必须由内场检录员转交计时长。外场检录处储备5~8组运动员，长距离游泳项目可以适当减少，内场候赛席至少有2组运动员候场。

注意：第2检录室告诉运动员相关要求，提供帮助；管理辅助人员在第2检录室检录时要检查运动员是否持注册证和分级证进行检录。

（6）督促限制。

①不得使用或穿戴任何有利于提高速度、浮力、耐力的器具（如手蹼、脚蹼），但可戴护目泳镜。比赛中除了义眼，不允许运动员佩戴假肢或矫正器。

②不得使用速度诱导及具有速度诱导作用的装置与方法。

③除了保护性提醒外，不允许敲击身体（外伤、疼痛、敏感性皮肤，必须在比赛前得到执行总裁允许）。

（7）辅助人员的管理。

①要进入比赛场地的辅助人员名单必须在该场比赛开始前1小时提出。各队填写《辅助人员申请表》，并附医学证明，与技术代表办理手续，技术代表同意并签名后，辅助人员方可进入内场，检录员为辅助人员发放内场标识（特制的腕纸环/胸牌）。

②当世界残奥游泳委员会分级信息汇总表中记录某运动员需要辅助人员时，其辅助人员方可进入比赛场地。特许进入内场提供帮助时不得对运动员进行指导。

③ S11、SB11、SM11级运动员（视力残疾运动员）比赛到达池壁前，可能需要提示员以1下或2下的敲击动作提示其即将触壁。如需两端提示，则须在泳池两端各配1名提示员。

④分级信息汇总表中标有F、Y、E、V、A、T需要辅助人员帮助的运动员，可由辅助人员到场边对运动员进行帮助。辅助应按规定要求进行。

⑤辅助人员只能在入水、起水、出发时提供帮助，辅助过程中，出发时不得给运动员推力，不得有语言提示，不允许在运动员出发后给予技术指导。辅助人员的行为视为运动员整体的行为，辅助人员违规，即视为被帮助的运动员获得利益，则将判该运动员犯规。

⑥提示用具必须保证其安全性。

⑦辅助人员赛后离场时，收回内场标识。

（8）只有在参赛队员突发身体不适，且出具紧急医学证明情况下，经与技术代表办理手续并同意签名后，方可允许替补队员参赛。

（9）检录处要保持安静，不许大声讲话，无关人员不得进入检录处。听力残疾运动员检录时，要求有健全人陪同。检录过程（点名、引导入场）各环节要严密，注意预防冒名顶替。使用身份证检测仪检查身份证真伪，每组运动员进场前排成横队拍照备查。内场候赛席至少有一组运动员候场。

（10）S11 级运动员参赛时，要检查每名运动员的不透光泳镜是否符合规则规定。

（11）重大比赛或必要时备有手语人员，或检录员备有文字卡片，并掌握简单手语，方便与 S15 级运动员交流沟通。

（12）接受个人单项分段创纪录申请表时应看是否有执行总裁的签字，收下后应于赛前通知自动计时长和人工计时长。

（13）决赛项目比赛结束，以成绩公告板（确认屏）为准，检录员招呼前三名运动员，将其引导至候奖席，由颁奖组管理，等待颁奖。要求运动员整装领奖，不得由他人代替领奖。颁奖仪式由礼仪员负责引导；赛会没有礼仪员则由检录员负责引导（前期协调演练）。人工计时时，检录员主动与编排记录组联系，获取颁奖资料，负责颁奖点名，召集获奖运动员在候奖席等待或移交给颁奖组。

（14）颁奖组。

①颁奖组长在技术代表的指导下，负责协调颁奖仪式的总体时间、过程、编排等，确保颁奖仪式按照时间表完成。

②奖牌：个人项目和团体项目决赛的前三名分别颁发金牌、银牌和铜牌。

③接力项目，奖牌将颁发给参加了预赛和决赛的所有运动员。但只参加了预赛的运动员的奖牌由该国家或地区残奥委会领队代领。

④升起获得前三名的运动员国家的国旗，奏响冠军运动员国家的国歌。

——如果金牌得主有 2 名，则颁发 2 枚金牌和 1 枚铜牌。

——如果银牌得主有 2 名，则颁发 1 枚金牌和 2 枚银牌。

——如果铜牌得主有 2 名，则颁发 1 枚金牌、1 枚银牌和 2 枚铜牌。

——如果出现并列，同一根旗杆将升起 2 面国旗。国旗顺序将按照主办国家的字母顺序上下排列。两个国家的国歌将按同样顺序被先后奏响。

⑤在国际残奥委会游泳项目委员会主办和批准的比赛中，所有参赛队运动员在参加颁奖仪式时都应当身着队服，队服必须符合国际残奥委会游泳项目委员会规则规定。

（三）赛后工作

（1）配合颁奖人员和兴奋剂检测人员安排好获奖及受检查运动员，并及时交给他们的负责人。

（2）接受各队填写的成绩证明申请单，并负责转交编排记录组。

第四节　发令

一、发令员的职责、工作位置

（一）发令员的职责

（1）发令员有权管理由执行总裁发出手势信号后至比赛开始的运动员。

（2）发现运动员在出发时有任何犯规行为时，发令员应向执行总裁报告。

（3）发令员有权判定运动员出发时是否犯规，但须服从执行总裁的判定。

（二）发令员的工作位置

发令员应站在游泳池的侧面，离出发池端 5 米以内处发令，发令时能使运动员和计时员听到或看到出发信号。

二、发令员的赛前准备工作

（1）赛前统一发令尺度。

（2）检查 50 米项目另一出发端启动音响和闪光信号，并在比赛开始前测试，确保有效使用。

（3）必须配备发令手旗。

（4）有接力项目的场次还应有各棒运动员的例外符号，对照执裁。

（5）发令装置：①供发令员发布口令的话筒；②话筒和出发信号应与各出发台的扬声器相连，使每一名运动员都能同时听到发令员的口令和出发信号；③应在各出发台旁为听力残疾运动员配备出发闪光灯 / 出发灯，可根据运动员的需要移动灯的位置，但需使执行总裁和发令员看到闪光灯 / 出发灯。

三、发令员的临场工作

发令员的临场工作可分为赛前、赛中和赛后三个阶段。

（一）赛前工作

（1）赛前应认真检查发令设备，反复调试。准备好听力残疾运动员出发用的发令手旗，认真练习挥旗，做到下挥旗与电笛声同步。比赛采用英语发令。

（2）赛前准备好人工发令枪和子弹，保证紧急预案启动后正常使用。

（3）在执行国际泳联规则前提下，还应对照例外符号执行世界残奥游泳委员会规则。

（4）预先熟悉对应运动员出发例外符号及关注点，重点留意其出发动态。

（二）赛中工作

（1）发令前一定要根据大屏核对运动员，尤其注意“屏上有名道上无人”或“屏上无名道上有人”的情况，发现异常要暂缓发令，报告执行总裁处理后再发令。

（2）发令前一定要注视各泳道运动员的情况。如发现运动员有延误比赛或不服从命令者，要及时与执行总裁沟通，待处理后再发令。

（3）赛中密切注意执行总裁的位置，注视执行总裁发出的手势，站在执行总裁的身后，做好发令准备。执行总裁起立，即起立上发令台准备，听看执行总裁信号手势，注视各泳道运动员动态。发令前，核对运动员和泳道；决赛中，在宣告员介绍运动员时核对该信息。比赛采用英文口令——“Take your marks”。当发现有抢码，需要召回时，召回信号按照游泳竞赛规则方法处理。

（4）准确判断运动员出发时是否抢跳犯规。不该召回的切勿召回，需要召回的要果断鸣笛（哨）。如发现犯规，应及时报告执行总裁，执行总裁确认后填写犯规检查表。

（5）出发抢跳犯规，必须由发令员和执行总裁同时观察并确认。

（6）在S15级比赛组织出发时，同步使用发令手旗（手旗颜色明显区别于背景颜色，能使运动员清晰看到）。发令手旗的旗示与旗语见表10–1。

表10–1 发令手旗的旗示与旗语

口 令	旗 示	旗 语
短哨声	下摆旗	运动员脱外衣
长哨声	平举旗	运动员上出发台，或下水做好准备
各就位	上举旗	运动员做好出发准备
鸣 枪	下挥旗	运动员做出发动作
召 回	上摇旗	运动员停止比赛返回

（7）每场未执裁的发令员作为替补发令员或司线员。比赛时根据执行总裁指令及时替补上岗。

（8）出发情况。

①出发台上出发（D 例外符号的运动员）：

——允许在出发台旁出发（D 例外符号的运动员）。

——允许在出发台上坐姿出发（D 例外符号的运动员）。

——允许在出发台上借助扶持出发（V、A 例外符号的运动员）。

②水中出发（W 例外符号的运动员）：

——水中出发的运动员，在出发信号发出前，必须至少有一只手触及池壁，不得站在水槽上或池底站立出发。

——允许在水中借助帮助出发（E、Y 例外符号的运动员，吊臂，嘴咬毛巾）。

——允许在水中将脚固定在池壁上出发（S1~S3 级、F 例外符号的运动员）。

——为防止运动员伤口磨损，允许在出发台上铺垫一层毛巾或类似物品，但不能以增高出发台为目的。

③佩戴黑眼罩（S11 级，T、B 例外符号的运动员）：S11、SB11、SM11 级运动员比赛，必须佩戴不透光泳镜（黑眼罩），除非双眼均为义眼；必须有 2 名敲击引导员（两端各 1 人）使用提示棒敲击引导。

④配有闪光灯（S15 级、H 例外符号的运动员）：既有视力残疾又有听力残疾的运动员，在未使用出发信号灯光时，允许提示员给予非语言出发信号（侧拍击）。

⑤ S11~S13 级运动员，允许在执行总裁发出长哨后、发令员发出“各就位”口令前，先确定方向。运动员出发过程中观众需保持安静，直至运动员游过 15 米（防止其将杂音错当出发信号或召回信号）。

⑥静止站立有困难的运动员，允许辅助人员协助其在出发台上保持平衡，但其上体向前屈体角度不得大于 90°，出发时不允许给予推力和对其提示。

⑦ SM1~SM4 级运动员：75 米、150 米个人混合泳须按照仰泳、蛙泳、自由泳的顺序进行比赛，水中出发。

⑧ S1~S3 级运动员，在出发信号发出前，允许陆上辅助人员将其脚固定在池壁上，出发时不允许给其任何助力。

⑨仰泳：无法双手同时抓握手器的运动员（E 例外符号），允许单手抓住握手器；无力使用握手器的运动员（E 例外符号），允许利用池端出发；无法抓握池端的运动员，可以借助辅助人员或辅助器械完成出发动作（嘴咬毛巾、抓臂等），出发信号发出前，身体某一部分必须触及池壁，出发时不允许给其任何助力。

⑩接力：需在水中出发的运动员，在前一棒运动员出发后才能入水。

（9）兼管非法入池：当比赛还在进行中，未参加比赛的运动员如果下水，报告执行总裁；确定判罚后，填写犯规判罚单，签名后上交执行总裁，取消其原定的下一项比赛资格。

（三）赛后工作

（1）每场结束做好赛后小结，重点对发令正、误判罚处理及时性、准确性回顾分析，提高发令执裁水平。

（2）与赛中配合的执裁组（执行总裁、自动计时组和人工计时组）沟通，力求达到默契配合。

（3）比赛结束，注意及时归还借用器材和提交本组工作总结。

第五节 自动计时

一、自动计时组的职责、工作位置和分工

（一）自动计时组的职责

（1）负责确保印发的竞赛秩序单和成绩公告准确无误（包括因医学原因弃权、犯规、抗议结果以及级别的改变等事项）。

（2）负责监控自动计时装置、自动计时录像系统的运行，包括复查头顶上方的计时录像系统。

（3）负责核对计算机打印出来的比赛结果。

（4）负责核对打印出来的接力交接棒情况，并向执行总裁报告任何抢码情况。

（5）可以复查计时录像系统以确认抢码情况。

（6）掌握弃权或退出情况，负责统计无故弃权的运动员名单（包括因大会医疗机构批准引起的运动员弃权、犯规、抗议结果和级别更改）。

（7）列出所有新纪录，掌握得分情况。

（二）自动计时组的工作位置

位于池边终点端，确保可以清晰观察泳道、出发台和电子显示屏信息，随时可以同执行总裁沟通信息。

（三）自动计时组的分工

自动计时长位于监控自动计时系统主机运行处，并确保与执行总裁及时沟通；一名自动计时员监控电子显示屏运行。

二、自动计时组的临场工作

自动计时组的临场工作可分为赛前、赛中和赛后三个阶段。

（一）赛前工作

（1）每场比赛前 1 小时，全体自动计时人员应到位，认真检查、反复调试自动计时设备，注意各个接口，确保设备正常运行。每场开赛前 15 分钟再次检查调试计时设备。协助专业技术人员检查调试设备（数据信号传输线及接口，发令台、发令器、音响、出发灯，扬声器、闪光灯，出发台、触板、大屏、微机、联网同步等），确保运行正常。

（2）赛前认真检查秩序单，包括运动员姓名、单位和各项纪录。做好秩序册与秩序单交叉校对工作。

（3）赛前认真检查大屏每一屏是否准确无误，包括运动员姓名、单位和各项纪录。做好秩序册与大屏的校对工作。接力项目需根据接力棒次表再次核对信息，确保无误。

（4）本场有接力比赛时，一定要检查接力出发判断器是否打开并能准确使用。本场有 50 米比赛时，一定要检查闪光灯及喇叭能否正常工作。接力项目比赛若有水下出发状况，关闭该泳道自动计时装置的分段功能或人工干预。

（5）赛前自动计时与编排、体育展示联网运行，数据信息同步共享。赛前接收编排记录组传输的完整数据，认真检查大屏每一屏是否与秩序单或竞赛分组表对应准确无误，包括运动员姓名、单位和各项纪录等，尤其是格式是否准确。

（6）每场比赛前与检录组联系，接收有领队或教练签名的接力参赛报名表，将运动员姓名输入项目屏，准确录入各接力队名单。

（7）留意临近级别的并组比赛项目屏、结束屏，注意分级别录取确认屏及纪录。

（8）接收有技术代表签名的替补申请表，进行更名，确保无误。

（9）接收有主分级师签名的级别更改，进行级别调整，确保无误。

（10）核对本场电子公告板介绍技术代表、执行总裁、发令员的内容是否正确。

（11）技术会议后接收编排记录组传输的信息，再次核对项目屏，确保无误。

（12）与编排记录组进行数据更新及传输的密切配合。

（二）赛中工作

（1）赛中准确、及时地处理弃权、犯规等大屏显示信息。

（2）比赛中密切注意计时系统运行情况，自动计时员注意运动员触板情况，如出现“二次触板”应及时报告执行总裁。触板太轻没有成绩时，用自动计时装置记录的盲表成绩补入。盲表失灵时，联络人工计时组索取人工成绩，用人工计时补入。自动计时长确认显示成绩无误后由执行总裁确认，再上大屏显示正式成绩。

（3）预赛、决赛成绩及名单，经执行总裁确认后再公告和广播。预赛项目结束，显示大排序，最后定格前十名，等宣布决赛名单后再换下一个项目。决赛项目结束，待宣告员宣布名次和成绩后再换下一个项目。凡预赛（预赛后的大排序成绩单）、决赛的名单及成绩公告均一式两份，分别送前台和编排记录组。每组比赛结束后，须待执行总裁给出确认手势后，再将泳道顺序屏换成成绩排序屏。

（4）如运动员赛前分级发生变化，要马上更改原始数据库；如运动员赛后分级发生变化，先处理没有问题的运动员，再按照程序处理发生变化的运动员。公布时，自动计时长一定要把好关，一定要做到万无一失，准确无误。

（5）留意临近级别的并组比赛项目屏，不显示记录，结束后仔细核对，分级别录取，分屏录取时，再显示记录。

（6）接收有执行总裁签名的个人单项分段创纪录申请表，留意分段是否创纪录，若有，确认后公布。

（7）接收有执行总裁签名的弃权表，在该项比赛前项目屏该运动员姓名后输入“DNS”。项组比赛结束接到执行总裁示意有运动员中途退赛的信号，在结束屏该运动员姓名后输入“DNF”。

（8）接力项目第1棒分段成绩应被计取，只要第1棒正常，不论以后犯规与否，成绩单上均要显示第一棒成绩或犯规之前的各棒成绩。接力比赛交接棒，启动抢跳时FD，-0.03秒不判罚，-0.04秒判罚，报告执行总裁。如执行总裁判定运动员犯规，自动计时长应立即通知主机操作员进行犯规处置，并迅速填写犯规检查表（填入犯规泳道的接力交接棒时间），签名后交执行总裁。赛事组委会设置的录像设备是判断犯规和名次的依据之一。当出现接力交接棒抢跳时，如果比赛设了计时录像系统，则在该组比赛结束后，可调出录像供技术代表和执行总裁核查。接力比赛时，自动计时长和主机操作员还应注意观察前3棒运动员是否在退场过程中触停了其他泳道的触板。如出现这种情况，应立即报告执行总裁。

（9）接到大会通知取消某运动员资格，在该项比赛前项目屏该运动员姓名后输入“CAN”。项组比赛结束接到执行总裁犯规信号，结束屏删除该运动员成绩，输入“DSQ”。接到大会通知，有运动员在比赛中或比赛结束后失去资格，将在成绩公告中只公布比赛时间和地点。

（10）比赛中只接收执行总裁的手势和语言，项组比赛结束，接到执行总裁确认信号，结束屏翻为确认屏。

（11）自动计时装置确定的成绩、名次、接力交接棒情况，应优先被采用。人工成绩与自动成绩误差0.4秒以内不管，0.5秒及以上，报告执行总裁认可后，用盲表成绩补入；再有问题，索取人工计时成绩输入（标有记号）。

（12）每场比赛结束后，在自动计时成绩条上注明时间、场次，贴好后交编排记录组，便于核实成绩并留存。

①当自动计时装置未能记录到 1 名或多名成绩和（或）名次时，成绩、名次确定方法如下。

——记录所有可获得的自动计时和半自动计时装置成绩和名次。

——记录所有人工计时成绩和名次。

②正式名次确定方法。

——同组中，将有自动计时装置成绩和名次的进行比较，保持其相对顺序。

——无自动计时装置名次但有自动计时装置成绩的，需用自动计时装置成绩进行比较，确定其相对顺序。

——既没有自动计时装置名次又没有自动计时装置成绩的，应用半自动计时装置成绩或 3 块数字式计时表记录的成绩来确定其相对顺序。

③正式成绩确定方法。

——有自动计时装置成绩的，其成绩即为正式成绩。

——没有自动计时装置成绩的，其半自动计时装置成绩或 3 块数字式计时表记录的成绩即为正式成绩。

④某项预赛后全部运动员的相对名次确定方法。

——比较所有正式成绩，以确定其相对名次。

——如 1 名运动员的正式成绩与 1 名或多名运动员的正式成绩相同，则该项中所有此成绩的相对名次并列。

——在自动计时装置失灵情况下，3 块人工秒表计取的成绩承认为世界或区域纪录。

（13）每组比赛运动员全部到达终点后，电子公告板应显示该组按泳道顺序排列的成绩。如有超、平纪录，则在备注列应出现 NNR、NAR、NCR 等相应的标示并闪烁显示以引起注意。

（14）每组比赛结束后，自动计时长应密切注意执行总裁的手势，并及时予以回应。

（15）每项预赛或每项决赛比赛结束，主机操作员应立即打印出该组成绩记录单。每项预赛的比赛结束，分别出大排序的综合成绩单、决赛名单或重赛名单。

（16）自动计时长审核纸质成绩单的分段、名次、成绩，签名后送监督复核，执行总裁签名确认，并传输给编排记录组，进行后续处理。如无电子公告板，则自动计时长应先将成绩记录单交给宣告员宣布成绩，然后再转给编排记录组进行后续处理。

（17）创超纪录多时，随时留意纪录的变更情况，并做好记录。

（18）做好与编排记录组的协调配合工作。

（三）赛后工作

（1）每场赛后及时整理本场竞赛成绩记录表，经自动计时长签字交编排记录组。

（2）赛后对赛中出现问题的处理及时进行回顾分析，确保后续赛场比赛顺利进行。

（3）与赛中配合的执裁组（执行总裁、发令员和人工计时组）沟通，力求达到默契配合。

（4）比赛结束，注意及时归还借用器材和提交本组工作总结。

第六节 人工计时

计时员工作时应全神贯注，动作规范，准确地计取运动员的成绩。正确开表停表、找准池壁垂面、熟悉残疾人到边特殊技术、排除外界干扰是关键，高度的责任感、实事求是的工作态度是保证。

一、人工计时组的职责、工作位置和分工

（一）人工计时组的职责和分工

1. 计时长

（1）计时长负责分配所有计时员的位置及他们所负责的泳道。

（2）计时长负责收集各泳道计时员填写好的竞赛卡片，必要时查看计时员的计时表。

（3）计时长负责记录或检查每条泳道竞赛卡片上的正式成绩，并向执行总裁报告。

（4）当每条泳道仅有 1 名计时员时，应设 1 名替补计时员以防秒表失灵。此时，计时长必须计取预赛中每组最快运动员的成绩。

2. 计时员

（1）每位计时员按世界残奥游泳委员会的有关规定，负责计取所在泳道运动员的比赛成绩。

（2）每位计时员在发令员发出出发信号后立即按动计时表，在运动员抵达终点后立即按停计时表，并根据计时长的要求记录 100 米以上距离项目的分段成绩。

（3）比赛结束，每条泳道的计时员应立即将计时表计取的成绩登记在竞赛卡片上交给计时长。如计时长要求查看计时表，应将计时表出示受检。在执行总裁用短哨声示意下一组比赛开始时回表。

（二）人工计时组的工作位置

终点端后 3~5 米处。

二、计时程序

（1）任何由 1 名裁判员按停的计时装置都应视为 1 块计时表。人工计时的成绩应由 3 名计时员计取。人工计时成绩应记录至 1/100 秒。

在没有自动计时装置的情况下，人工计时的正式成绩按下述方法确定。

①在 3 块计时表中，有 2 块表计的成绩相同时，该成绩即为正式成绩。

②如果 3 块计时表计取的成绩都不相同，应以中间的成绩为正式成绩。

③如果 3 块计时表中只有 2 块正常运行，应以平均时间为正式成绩。

（2）如果未采用自动计时装置，则必须配备人工计时长，每条泳道配备 3 名计时员和 2 名替补计时员（在岗计时员的秒表失灵或因其他原因导致在岗计时员不能计取运动员的成绩，则替补计时员上岗）。当每条泳道配备了 3 名人工计时员时，3 名人工计时员所计取的成绩是决定运动员正式成绩和名次的根本依据。未采用自动计时装置和每条泳道未配备 3 名人工计时员，可以配备终点裁判。

三、人工计时组的临场工作

人工计时组的临场工作可分为赛前、赛中和赛后三个阶段。

（一）赛前工作

（1）赛前 15 分钟，人工计时组负责检查场地器材，摆好场上裁判员和运动员座椅。

（2）赛前做好紧急预案启动的准备工作。确保紧急预案启动后计时组的工作正常运行。

（二）赛中工作

（1）运动员入场后，计时员要检查运动员的注册证和分级证，核对运动员的姓名与泳道是否一致，如发现本泳道运动员有误，应立即举手报告计时长，计时长应及时向执行总裁报告。运动员入场后，计时员要注意“屏上有名道上无人”或“屏上无名道上有人”的情况，如发现有误，应立即报告计时长，计时长应及时向执行总裁报告。

（2）听到执行总裁的长哨音，不论本泳道是否有运动员，一律起立。

（3）50 米项目要看发令器的闪光灯开表（现场看不清闪光灯时，统一听扬声器声音开表），100 米以上项目要听电笛声开表。开表后立刻坐下。如发现秒表故障及时报告计时长。比赛中，每位计时员操作一块盲表，计取最终成绩。为防止意外，另操作一块人工秒表，计取分段成绩和最终成绩。

（4）接力比赛时，计时长提醒计时小组 3 名计时员都要计取第 1 棒运动员的成绩。

（5）计时长收到检录组送达的运动员弃权通知单后，要及时通知该泳道裁判员注意空道，防止其他运动员站错道。

（6）计时员要看大屏核对本道运动员成绩。如发现人工计时与自动计时的成绩误差超过0.5秒，要及时报告计时长，计时长立即向执行总裁报告。必要时立即补填竞赛卡片交自动计时组。人工计时组要预先备好一些空白卡片以应急用。

（7）运动员离终点还有15米时，该组计时长提示计时员及时走到出发台右侧端，准备停表，注意不要踩踏自动计时触板的上缘。运动员到达终点后，计时员立即按停自动计时的盲表（计时小组长还要按停电子秒表）。停表后回原位坐下，二表计时员把电子秒表成绩记入存查表。听到下一组比赛执行总裁吹响短哨音时计时小组长及时回表。未听到短哨音不得回表以备查表。计时长记录前3名运动员的成绩（站在出发台左侧端）。盲表按颜色摆放好。

（8）如比赛采用自动计时装置，同时配备半自动（三块盲表）及人工计时（一块秒表）作补充，800米、1500米项目比赛时采用每道一名裁判员，并启用一块盲表作补充。

（9）上午预赛场采用10条泳道，运动员座椅在终点端转身检查组座椅后面。下午、晚上决赛场采用8条泳道，运动员座椅在终点端转身检查组前面。决赛项目（含全部下午场项目）按正常节奏进行，每组比赛需待所有运动员到达终点后，运动员方可从泳池两侧起水。

（10）计时小组每一场比赛按泳道大循环轮岗一次。下午场次，第0泳道、第9泳道的一表、二表计时员不上场，听从计时长的安排，协助做替补或其他工作。

（11）计时长收取竞赛卡片，同时按默记名次顺序，用五指夹卡法整理竞赛卡片。各手指间分别夹2张竞赛卡片；拇指食指间夹1、2名，食指中指间夹3、4名，中指无名指间夹5、6名，无名指小指间夹7、8名。预赛时，上卡压下卡右边，露出预赛的泳道号；决赛时：上卡压下卡左边，露出决赛的泳道号。捻开即可见全部8张竞赛卡片上边角的泳道号，核对名次顺序是否是这个泳道号的顺序。

（三）赛后工作

（1）每场赛后及时整理本场计时存查表并妥善保管，赛后交编排记录组存档。

（2）赛后对赛中出现问题的处理及时进行回顾分析，确保后续赛场比赛顺利进行。

（3）与赛中配合的执裁组（执行总裁、发令员和自动计时组）沟通，力求达到默契配合。

（4）比赛结束，注意及时归还借用器材和提交本组工作总结。

第七节 技术检查

一、技术检查员的职责、工作位置

（一）技术检查员的职责

（1）技术检查员负责检查运动员在游进中的泳式和动作是否符合规则，并协助转身检查员检查运动员转身动作是否符合规则。

（2）技术检查员发现运动员犯规，应将比赛项目、泳道号码及犯规情况立即上报执行总裁，执行总裁确认犯规后通知技术检查员填写犯规检查表并提交执行总裁。

（二）技术检查员的工作位置

比赛泳池两侧。

二、技术检查员的临场工作

技术检查员的临场工作可分为赛前、赛中和赛后三个阶段。

（一）赛前工作

（1）领取本场竞赛秩序单。接力项目比赛的场次，还应备有各队、各棒运动员名单及例外符号，对照执裁。

（2）每场比赛开始前 15 分钟，再次检查召回线的设备，并摆好本组座位。

（3）技术检查员赛前须熟悉检查表的填写方法。本次比赛采用勾选表，选项及简要内容的填写必须准确无误。

（二）赛中工作

（1）每组比赛（除自由泳外）均需跟到底，并注意观察出发或转身端到 15 米处运动员的犯规情况；发现犯规，应先报告后填表。比赛中，技术检查员要在走动中观察，按分工在池边认真巡视，检查运动员的技术动作是否符合规则。比赛时，全程站立，站立时两手要放置身后，注意身体形态。

（2）各泳式出发时技术检查员的具体站位方法如下。

① 50 米自由泳：在距出发端 15 米处定位观察。

② 100 米及以上自由泳：第 1 组开始，2 人在距出发端 15 米处，2 人跟随运动员走到距另一池端 15 米处，4 位定点观察。待本项最后一组运动员最后一趟返回后，另一端的 2 人返回原位。

③仰泳、蝶泳：

——终点端：2人巡视到距池端5米，协助转身检查员观察运动员转身、接力出发和抵达终点的动作有无犯规；2人巡视到距池端15米处，注意观察运动员转身或接棒运动员出发后头部是否在15米之前露出水面。

——转身端：2人巡视到距池端5米处；2人巡视到距池端15米处。

④蛙泳：跟随运动员巡视到距池端5米处。

⑤接力项目：根据泳式，按上述方法观察。注意：本半侧的泳道中运动员拉开距离后，交换观察、分别照看、协同兼顾、不留盲点。

（3）每组比赛最后一名运动员抵达终点，执行总裁鸣2声短哨后，站立，技术检查员应注意与执行总裁的联络，主动出示有无犯规手势给执行总裁并注意让执行总裁看清，然后坐下。50米项目，在终点执行总裁（项目配合）鸣2声短哨后，与起点组织出发的执行总裁（项目执裁）联络。发现转身、到边、接力交接棒犯规，可与转身检查长沟通，也可直接报告执行总裁。技术检查员不再兼管召回线工作。

（4）配合默契，主动补台。

（5）技术检查员每天实行轮转岗制。

（6）判犯规的要求（适用于所有岗位）：①判犯规必须100%的确定；②只要判断准确，就不要害怕报告犯规；③先报告，后填表。

（7）S11、SB11、SM11级运动员比赛结束起水时，检查其泳镜（黑眼罩）是否透光。检查后与执行总裁确认手势。透光判罚犯规。

（8）技术检查员主要负责各泳式游进过程中的犯规问题。

①自由泳。

——自由泳比赛中，可采用任何泳式。但在个人混合泳及混合泳接力比赛中，自由泳是指除蝶泳、仰泳、蛙泳以外的泳式。

——在整个游程中，运动员身体的某一部分必须露出水面。

——对于S1~S5级的运动员，在每一次完整动作周期中，身体的某一部分必须露出水面。完整的动作周期是指肩关节旋转1周和/或髋关节上下运动1次。

——自由泳项目或混合泳项目的自由泳段比赛中，允许运动员在池底站立，但不得行走。

②仰泳。

——允许身体做转动动作，但必须保持与水平面呈小于90°的仰卧姿势。头部位置不受此限。

——在整个游程中，运动员身体的某一部分必须露出水面。

——对于S1~S5级的运动员，在每一次完整动作周期中，身体的某一部分必须露出水面。完整的动作周期是指肩关节旋转1周和/或髋关节上下运动1次。

③蛙泳。

——在出发后的整个游程中，动作周期必须以 1 次划臂和 1 次蹬腿的顺序完成。两臂的所有动作应同时并在同一水平面上进行，不得有交替动作。

——运动员缺失双腿或双臂或部分肢体时，其剩余手臂或腿部的动作即构成一个完整的动作周期。

——两手应同时在水面、水下或水上由胸前伸出。除转身前的最后一个划水动作、转身过程中及抵达终点前的最后一次划水动作外，肘部不得露出水面。两手应在水面或水下向后划水。除出发和每次转身后的第 1 次划水动作外，两手向后划水不得超过臀线。

——在每个完整动作周期内，运动员头的某一部分必须露出水面。

——两腿的所有动作应同时并在同一水平面上进行，不得有交替动作。

——单下肢残疾的运动员在整个游程中，必须试图在同一水平面上做出同时蹬腿的动作，或者拖曳双腿或单腿。

——在蹬腿过程中，两脚必须做外翻动作。不允许做交替动作或向下的蝶泳打腿动作，允许两脚露出水面。

——无法通过腿和/或脚获得正常推进力的运动员，在蹬腿过程中残疾脚可以不外翻。

④蝶泳。

——任何时候都不允许呈仰卧姿势。

——两臂必须在水面上同时向前摆动，并同时在水下向后划水。“两臂必须在水面上同时向前摆动”是指：在两臂向前摆动过程中，从手腕到肩部的整个手臂必须在水面上清晰可见，而非只看见手臂的一部分。但不要求手臂与水面之间留有空隙。

——S11~S12 级运动员因触及分道线而致使双手不能同时前摆，只要未获利，就不判犯规。

——如果运动员一只手臂部分残缺，残肢应与另一只手臂同时向前摆动。

——如果运动员用一只手臂划水，该手臂应在水面上向前摆动。

——所有腿部的上下打腿动作必须同时进行。两腿或两脚可不在同一水平面上，但不允许有交替动作，不允许蹬蛙泳腿。

——如果运动员仅有一只腿有功能，无功能的那只腿应呈拖曳状态。“呈拖曳状态”是指：该腿不提供任何动力，但随着臀部起伏可能会呈现看似交替运动的一种状态。

⑤混合泳。

——个人混合泳必须按照蝶泳、仰泳、蛙泳、自由泳的顺序进行比赛。每种泳式必须完成赛程 1/4 的距离。

——150 米和 75 米个人混合泳必须按照仰泳、蛙泳、自由泳的顺序进行比赛。每种泳式必须完成赛程 1/3 的距离。

——混合泳接力必须按照仰泳、蛙泳、蝶泳、自由泳的顺序进行比赛。

——每一种泳式都必须符合对应泳式的有关规定。

⑥出发。

——除仰泳之外都要在出发台上出发。

——接力只要抢跳，就是犯规。

⑦比赛。

——运动员必须在其出发的泳道内游完全程。

——视力残疾的运动员在出发或转身后游出本泳道，当该泳道为空道时，允许运动员在该泳道内游完全程。如果必须返回本泳道，可由提示员在直呼运动员姓名后进行语言提示，以避免影响其他运动员。

——不允许拉分道线。

——运动员游出本泳道或用其他方式干扰其他运动员比赛，应判犯规。如属故意犯规，执行总裁应将犯规情况报告承办比赛的国家 / 地区残奥委会、国际残奥委会游泳项目委员会和该运动员所在的国家 / 地区残奥委会。

——运动员在出发入水或出水过程中，泳镜意外脱落，不应判犯规。

——在一项比赛进行过程中，当所有比赛的运动员还未游完全程前，未参加比赛的运动员如果下水，应取消其原定的下一次的比赛资格。

——在比赛中，不允许使用任何方式诱导运动员以一定的节奏游进。

（三）赛后工作

（1）赛后对赛中出现问题的处理及时进行回顾分析，提高观察判断能力。

（2）与赛中配合的执行总裁、转身检查员沟通，力求达到默契配合。

（3）比赛结束，注意及时归还借用器材和提交本组工作总结。

第八节 转身检查

一、转身检查组的职责、工作位置和分工

（一）转身检查组的职责和分工

1. 转身检查长

（1）转身检查长应确保每位转身检查员在比赛期间各尽其责。

（2）如转身检查员报告运动员犯规，转身检查长应及时报告执行总裁并上交转身检

查员交来的检查表。

2. 转身检查员

（1）每条泳道两端应各配备 1 名转身检查员。

（2）转身检查员负责检查运动员从触壁前最后一次手臂动作开始至转身后第一次手臂动作结束的转身动作是否符合规则。

（3）出发端的转身检查员要检查运动员从出发入水后至第一次手臂动作结束是否符合规则。

（4）终点端的转身检查员要负责检查运动员到达终点时的动作是否符合规则。

（5）在 800 米和 1500 米的个人项目比赛中，出发端或转身端的转身检查员应记录该泳道运动员完成的趟数,并用报趟牌向运动员显示所剩的趟数。可使用半自动电子设备，包括水下显示设备。

（6）在 800 米和 1500 米的个人项目中，出发端的转身检查员在运动员到达终点前 105 米时，应用哨声或铃声向运动员发出信号，直至运动员转身后到达 5 米处。

在 800 米和 1500 米的个人项目中，对于有听力障碍的运动员在其到达终点前 105 米时，转身检查员应用可视信号来做出提示。

在 800 米和 1500 米的个人项目中，当既有听力残疾又有视力残疾的运动员到达终点前 115 米时，转身检查员应通知其提示员，由提示员在运动员离完成比赛还有最后 100 米距离时对其进行提醒。

（7）转身检查员在发现运动员犯规后，应将比赛项目、泳道号码及犯规情况填入检查单，签字后报转身检查长。

（二）转身检查组的工作位置

转身检查长位于执行总裁对面距离泳池两端 2~4 米处。

转身检查员位于各泳道两端出发台后 2~5 米处。

二、转身检查组的临场工作

转身检查组的临场工作可分为赛前、赛中和赛后三个阶段。

（一）赛前工作

（1）转身检查长和转身检查员赛前须熟悉检查表的填写方法。比赛采用勾选表，选项及简要内容的填写必须准确无误。

（2）熟悉终点端工作的内容：①观察运动员出发入水后第一次划水动作结束、接力出发、到达终点的动作是否违规；②兼计时；③比赛结束引导运动员起水；④长距离自由泳 105~95 米摇铃；⑤询问运动员报趟牌的方向并原地站立用明确手势告知本泳道对面转身检查员。

（3）熟悉转身端工作的内容：①转身检查；②长距离自由泳的报趟；③当终点端转身检查员用明确手势通知本泳道运动员换气方向时，应原地站立用明确的镜面手势给予回应。

（二）赛中工作

1. 两端转身检查长

（1）听到执行总裁的连续四声短哨声原地起立，站立时两手要放置身后，注意身体形态。

（2）转身检查长收到检录组送达的运动员弃权通知单后，要及时通知该泳道裁判员注意，防止其他运动员站错道。

（3）比赛时，终点端转身检查长在运动员出发后游完第一个手臂动作后，观察本端转身检查员有无做出示意运动员犯规的手势。如有，即用手势通知执行总裁，并到有犯规的泳道的转身检查员处询问犯规情况。

（4）运动员游至距终点端转身或距终点 15 米处时，转身检查长应注意观察本端运动员转身或到达终点的情况，待运动员全部转身或到达终点，观察本端转身检查员有无做出示意运动员犯规的手势。如有，即用手势通知执行总裁，并到有犯规的泳道的转身检查员处询问犯规情况；如无，原地不动并主动打出确认手势通知执行总裁，然后坐下。

（5）比赛时，转身检查长在运动员出发后，仍原地站立（站立时两手要放置身后，注意身体形态）。

2. 终点端转身检查员

（1）运动员入场后，要根据大屏核对本道运动员的身份证件，也要注意“屏上有名道上无人”或“屏上无名道上有人”的情况，如发现有误，应立即报告终点端转身检查长，终点端转身检查长应及时向执行总裁报告。

（2）听到执行总裁的连续四声短哨起立，听到第一声长哨时走到出发台的左后方站立（如果是人工计时要准备开表），站立时两手要放置身后，注意身体形态。运动员出发后站上出发台左侧端观察运动员出发（自由泳除外），观察运动员的出发是否符合规则，运动员第一个动作结束后返出发台左后方站立。

（3）当运动员游至距终点端转身或距终点 15 米处时，终点端转身检查员应站在出发台的左侧，观察本道运动员转身或到达终点有无犯规的情况，如有，立即用手势通知终点端转身检查长。

（4）在运动员到达终点时观察运动员是否犯规，并按停盲表和电子秒表，不得退回原位坐下，应站在出发台左侧。如运动员水平差距较大，先结束比赛的运动员通过终点端转身检查员所在的泳道起水时，而所在泳道的运动员还未游完全程，此时，终点端转身检查员要提示该运动员远离自动计时触板。运动员如果碰了自动计时触板，终点端转身检查员要记住该运动员的姓名、单位、泳道及特征，及时报告给终点端转身检查长。待全部运动员到达终点后，用手势引导运动员起水，当所有参赛运动员通过自己负责的泳道之后，再退回原位坐下。每项比赛结束，运动员一律从第 0 泳道、第 9 泳道两侧起水，在原地引导运动员视情况按要求起水离池。引导运动员离池动作要统一、规范。如是预赛或接力，运动员应从泳池两侧起水；如是决赛应从泳池一侧起水。

（5）检查运动员转身时，应在运动员离池端 15 米时，就必须上台站在出发台左侧，做好观察运动员转身准备。运动员转身第一个动作结束后在出发台左后方站好。观察运动员转身时不要有避水动作，注意不要踩踏自动计时触板的上沿。观察运动员到达终点时是否犯规；按停盲表及人工表后管理运动员起水，然后可回原位就座。

（6）800 米或 1500 米自由泳比赛时，运动员上道后，要询问运动员报趟牌放在哪个位置，然后面向转身端转身检查员起立用明确、大方的侧平举右手或左手的手势通知对面本泳道的转身端转身检查员，转身端转身检查员侧平举左手或右手回应（镜面手势）；如果运动员回答随便，则面向转身端转身检查员侧平举双手，转身端转身检查员也侧平举双手回应。在 800 米、1500 米自由泳比赛中，当运动员距离终点 105 米时，要摇铃示意，摇铃一直摇到 95 米处结束（迎 5 米送 5 米）。摇铃要左右摇动，不要上下摇动，防止碰伤运动员。

（7）比赛时终点端转身检查员需兼任计时员（盲表）的工作。因此，赛前要做好与计时组配合和合练工作。

（8）终点端转身检查员每天实行轮岗制。下午场第 0 泳道、第 9 泳道转身检查员亦担任替补裁判员，听从转身检查长的指令。

3. 各泳式出发终点端裁判方法

（1）自由泳、蝶泳、蛙泳项目出发时，听到执行总裁连续四声短哨时起立，听到第一声长哨时走到出发台的左后方站立。全组站立位置要统一。运动员出发后，踏上平台站在出发台左侧，观察运动员出发后至第一个手臂动作结束的动作，然后返回出发台左后方站立。

（2）仰泳或混合泳接力项目比赛时，负责安装仰泳出发器，并把高度调到 0 度，运动员出发后，迅速把仰泳出发器踏板收起（混合泳接力则拆除仰泳出发器）。

（3）仰泳或混合泳接力项目出发时，听到执行总裁连续四声短哨时起立，听到第一声长哨时走到出发台的左后方站立，听到第二声长哨时踏上平台站在出发台左侧，观察运动员的脚的一部分是否抵住池壁，然后站立，全组站立位置要统一。运动员出发后，观察运动员出发后至第一个手臂动作结束的动作，然后迅速把踏板收起，返回左后方站立。

（4）接力比赛交接棒时，注意观察：游进运动员抵达终点的动作有无犯规，接棒运动员的脚是否在前一运动员触壁后蹬离出发台，接棒运动员出发后至第一次手臂动作结束的动作有无犯规，然后再引导前三棒运动员起水。

4. 转身端转身检查员

（1）转身端转身检查员检查运动员转身时统一站在出发台左侧。

（2）在 50 米项目比赛运动员上道时核对运动员身份，发现有误立即向转身检查长报告，再由转身检查长向执行总裁报告。50 米项目的比赛，听到执行总裁连续四声短哨时起立，第一声长哨后走到出发台的左后方站立（仰泳出发与终点端程序一样）。全组站立位置要统一。运动员出发后，踏上平台站在出发台左侧，观察运动员出发后至第一个手臂动作结束的动作，然后返回左后方站立。

（3）800 米、1500 米项目比赛，注意终点端转身检查员的示意报趟牌的手势，用明确、大方的镜面手势给予终点端转身检查员回应。报趟时根据终点端转身检查员的确认方向给运动员报趟，力求做到让运动员能看到报趟牌。报趟牌根据运动员的要求始终放在出发台的左侧或右侧池边，当报趟牌数字为 3 的时候，示意终点端转身检查员要摇铃。800 米或 1500 米项目比赛时可采用与替补裁判员轮换执裁的方法进行。

（4）其他项目的比赛，听到执行总裁连续四声短哨时起立，听到第一声长哨后，走到出发台左后方站立。站立时两手要放置身后，注意身体形态。比赛时，转身端转身检查员在运动员出发后，仍原地站立。待运动员游至距转身端 15 米处时，走到出发台左侧（站立时两手要放置身后，注意身体形态）。观察本道运动员转身有无犯规的情况。如有，立即先用手势通知转身端转身检查长，然后填写犯规检查表并签好自己的名字上交给转身端转身检查长；如无，继续原地站立。检查运动员转身动作及接力交接棒的工作方法同终点端转身检查员。

（5）每场结束后，请两端的转身检查员将各泳道两端的游进指示牌放置好。

（6）转身端转身检查员每场比赛按泳道大循环轮岗一次。下午场第 0 泳道、第 9 泳道转身检查员亦担任替补裁判员，听从转身检查长的指令。

（7）S15 级运动员用可视信号提示距离；既有听力残疾又有视力残疾的运动员，在运动员抵达终点还有 105~95 米时，应通知该运动员的提示员，提示员有责任提示运动员离完成比赛还有最后 100 米距离。

（8）每场的第 1 泳道、第 8 泳道的转身检查员，负责管理 5 米仰泳转身标志旗，根据项目装上或撤下 5 米仰泳转身标志旗。

（9）以下情况装上仰泳转身标志旗：S1~S5 级自由泳项目；最后一项比赛结束。

（10）颁奖时撤下仰泳转身标志旗。

5. 各泳式转身、到边的犯规情况

（1）自由泳。

①每次转身和到达终点时，运动员身体的某一部分必须触及池壁。

②在出发和转身后，允许运动员完全没入水中，但在 15 米前（含 15 米），运动员的头部必须露出水面。

（2）仰泳。

①在出发信号发出前，运动员应在水中面对出发端，两手抓住握手器。禁止两脚蹬在水槽里、水槽上或脚趾勾在水槽沿上。当使用仰泳出发器出发时，双脚脚趾必须触及池壁或触板。禁止用脚趾扣住触板上沿。

②无法双手同时抓住握手器的运动员，可以使用单手抓握。

③无法抓住握手器的运动员，可以手扶池端出发。

④无法抓住握手器或池端的运动员可以借助辅助人员或器械出发。器械的安全性必须在赛前经国际残奥委会游泳项目委员会的代表检查认可。出发时不允许给运动员任何助力。在出发信号发出前，运动员身体的某一部分必须触及池壁。

⑤当使用仰泳出发器时，出发端的转身检查员应负责安装出发器，并于运动员出发后拆卸此装置。

⑥出发和每次转身后，运动员应以仰卧姿势蹬离池壁，运动员在整个游进过程中应始终呈仰卧姿势。

⑦在出发和转身后，允许运动员身体完全没入水中，但在 15 米前（含 15 米），运动员的头部必须露出水面。

⑧在转身过程中，运动员身体的某一部分必须触壁，允许肩的转动超过垂直面而转为俯卧姿势，之后可以立即做 1 次连贯的单臂划水或双臂同时划水动作，以此划水动作作为转身动作的开始。运动员必须呈仰卧姿势蹬离池壁。

⑨对于没有手臂或不使用手臂的运动员，在转身过程中，一旦改变仰卧姿势，就应立刻开始转身。运动员必须呈仰卧姿势蹬离池壁。

⑩运动员到达终点时，必须在本泳道内以仰卧姿势触壁。

（3）蛙泳。

①在出发和每次转身后，运动员可没入水中并可做 1 次手臂充分向后划至腿部的动作。在第 1 次蛙泳蹬腿动作前，运动员可做 1 次蝶泳腿动作。允许无法用腿蹬离池壁的运动员在出发和每次转身后，做 1 次不同时或不在同一水平面的划水动作，以达到俯卧姿势。

②从出发和每次转身后的第 1 次手臂动作开始，身体应保持俯卧，任何时候都不允

许呈仰卧姿势。只要身体呈俯卧姿势蹬离池壁，允许运动员在触壁后用任何方式转身。

③视力残疾运动员在转身或抵达终点前，在得到提示后，可在动作周期中的任何时候伸手触壁。

④出发和每次转身后的第 2 次划臂至最宽点两手向内划水前，运动员的头部必须露出水面。

⑤在每次转身和到达终点时，两手应分开在水面、水上或水下同时触壁。转身和到达终点前的最后一次手臂动作后可不接蹬腿动作。在触壁前的最后一次划水动作结束后，头可以没入水中。但在触壁前最后一个完整或不完整的动作周期中，头部应露出水面。“分开”是指双手不能上下叠加在一起。双手间不必一定要有空隙，允许手指间的触碰。

⑥双臂不等长的运动员在每次转身和到达终点时，允许用较长一只手臂触壁，但双手必须同时向前伸出。

⑦上肢过短而使其伸出时未能超过头部的运动员在转身和到达终点时，应以身体上半部分的任何一个部位触壁。

⑧只用单臂游进的运动员在转身和到达终点时，允许其只用单臂触壁。

⑨用双臂游进但肩 / 肘关节受限的运动员在转身和到达终点时，允许只用较长一只手臂触壁，但双手必须同时向前伸出。

⑩ SB11~SB12 级运动员在转身和到达终点时，因触及分道线而致使双手不同时触壁，只要未获利，就不判犯规。

（4）蝶泳。

①从出发和每次转身后的第 1 次手臂动作开始，身体应保持俯卧姿势。允许水下侧打腿。只要身体呈俯卧姿势蹬离池壁，允许运动员在触壁后用任何方式转身。无法用腿蹬离池壁的运动员在出发和每次转身后，允许做1次不同时的划水动作，以达到俯卧姿势。

②视力残疾的运动员在转身和到达终点时，允许其在得到提示后，两臂从水下前伸触壁。

③在每次转身和到达终点时，两手应分开在水面、水上或水下同时触壁。“分开”是指双手不能上下叠加在一起。双手间不必一定要有空隙，允许手指间的触碰。

④双臂不等长的运动员在转身和到达终点时，允许只用较长一只手臂触壁，但双手必须同时向前伸出。

⑤无上肢、上肢无功能或上肢太短而其伸出时未能超过头部的运动员在转身和到达终点时，应以身体上半部分的任何一个部位触壁。

⑥只用单臂游进的运动员在转身和到达终点时，允许其只用单手 / 臂触壁。

⑦用双臂游进但肩 / 肘关节受限的运动员在转身和到达终点时，允许只用较长一只手臂触壁，但双手必须同时向前伸出。

⑧ S11~S12 级运动员在转身和到达终点时，因触及分道线而致使双手不能同时触壁，只要未获利，就不判犯规。

⑨无腿部功能的运动员在转身和到达终点时，允许做 1 个不完整的手臂划水动作在水下前伸触壁。

⑩在出发和每次转身后，允许运动员在水下做 1 次或多次打腿动作和 1 次划水动作，这次划水动作应使身体升至水面。在 15 米前（含 15 米），运动员的头部必须露出水面。运动员应使身体保持在水面上，直至下次转身或到达终点。

（5）接力。

①接力比赛中，如本队的前一名运动员尚未触壁，后一名运动员的脚或身体已经离台出发，应判犯规。

②允许运动员在水中接力出发。在前一棒运动员未触壁前，该运动员的手 / 脚不得离开池壁，否则即为犯规。

③在接力比赛进行过程中，非本棒次运动员下水，将取消该队的比赛资格。

④在接力比赛中，需在水中出发的运动员只能在同在本端出发的前一棒运动员出发之后才能入水。

⑤提示员提示运动员交接棒的时间及运动队所处的名次。可以安排 2 名提示员，其中 1 名提示运动员即将触壁，另 1 名提示运动员接棒。不允许对运动员进行指导。

⑥在接力比赛中，由转身检查员检查前一名运动员触壁时，后一名运动员是否已离台出发。

（6）比赛。

①在所有项目中，运动员在转身时必须用身体触及池壁。转身必须从池壁完成，不得在池底跨越或行走。

②运动员抵达终点后或在接力比赛中游完自己的距离后，应在不影响其他运动员比赛的情况下尽快离池。

③ S1~S5 级的运动员可以停留在本泳道内直至接力比赛结束。停留在水中的运动员应离开池壁并停留在分道线附近，但不得妨碍相邻泳道运动员的比赛。

④比赛结束时，执行总裁应用 2 声短哨示意运动员起水。

（三）赛后工作

（1）赛后对赛中出现问题的处理及时进行回顾分析，提高观察判断能力。

（2）与赛中配合的执行总裁、技术检查员沟通，力求达到默契配合。

（3）比赛结束，注意及时归还借用器材和提交本组工作总结。

第九节 宣告

一、宣告员的职责、工作位置

（一）宣告员的职责

将比赛项目和进行情况及时向观众介绍并宣布比赛成绩 。

（二）宣告员的工作位置

紧挨执行总裁席，并能观察赛场情况。

二、宣告员的赛前准备工作

（1）赛前准备字典，熟悉残疾人游泳常识，收集优秀运动员情况及世界游泳发展近况。

（2）联系有关部门对其提出需求，如音响等设备调试。

（3）预先核实运动员姓名的正确读音。

（4）准备好必要的音乐材料，如裁判员入场、退场音乐，运动员入场音乐等。

（5）熟悉现场播报程序及与执行总裁的配合，准备好各种播报用语。现场播报做到准确、简洁、热烈。赛前准备好超、创、平纪录的贺词。

（6）凡是要在赛中播出的有关宣传材料、贺词等都需在赛前写成书面文字材料，报有关领导批准后才能使用。未经执行总裁同意不得广播与比赛无关的任何事宜。

（7）落实与音响操控师的协调配合。

（8）重大比赛或必要时配有手语人员。

三、宣告员的临场工作

宣告员的临场工作可分为赛前、赛中和赛后三个阶段。

（一）赛前工作

（1）宣告员应于该场比赛前一小时到现场启动宣告程序，检查播音设备，介绍本场比赛项目、有关参赛须知及有关冲刺泳道的使用方法、泳池内不得使用划水掌的要求、不得穿两件游泳衣（裤）参赛的要求，了解有关优秀运动队或优秀运动员情况，通知各参赛队提交运动员接力比赛名单和经执行总裁签字的准备创单项分段纪录申请表。

（2）领取本场竞赛秩序单，熟悉本场竞赛项目和竞赛秩序。

（3）核实本场执行总裁和发令员的执场名单。

（4）赛前 30 分钟时，宣布接力参赛报名表、个人单项分段创纪录申请表递交截止。

（5）每场比赛前 20 分钟通知在比赛池热身活动的运动员停止练习（可到练习池热

身）、起水、提示第一项比赛开始检录。介绍本场比赛项目、有关优秀运动队或优秀运动员情况。

（6）每场比赛开始前，根据执行总裁手势，宣布比赛开始，请裁判员入场。

（7）裁判员就位后，按电子公告板的显示或纸质执场名单，依次介绍技术代表、本场执行总裁和发令员。

（二）赛中工作

（1）每项比赛（包括预赛、决赛）开始时，根据执行总裁的手势介绍项目和组别，待运动员出发后，开始介绍各泳道运动员。

①第一项比赛：看执行总裁手势，宣布第一项比赛开始，以后各组的项目都要宣告。

②介绍每一名运动员姓名时，稍有停顿，方便其站立举手鞠躬向观众友好示意并和裁判员核对。

③预赛时，根据执行总裁的手势介绍项目和组别，待运动员出发入水后开始介绍每泳道运动员；预赛不播报每组成绩，不宣告比赛成绩（成绩已显示在大屏幕上），待该项预赛后根据编排记录组的成绩公告单，公布决赛或重赛名单。每项预赛完，经执行总裁确认，公布前 8 名运动员名次、成绩。

④决赛时，根据执行总裁的示意，宣布项目，并用广播音乐引导运动员入场。待运动员按泳道就座后，组织出发前再按泳道顺序介绍运动员姓名、单位及有关情况。决赛经执行总裁确认后，公布前三名运动员姓名及成绩。

⑤接力项目比赛介绍运动队时，如果电子公告板上只有队名而没有运动员姓名，则应根据编排记录组提供的竞赛秩序单依次介绍各队的 4 名运动员。采用自动计时装置时，每棒运动员游进中电子公告板显示其姓名。

⑥对于听力残疾运动员（S15 级），在决赛介绍他们时，要依次手举泳道显示牌（白底红字或明显区别于背景颜色，字体明显，能使运动员清晰看到），显示一道，介绍一道运动员，方便该泳道运动员起立举手鞠躬向观众友好示意并和裁判员核对。

⑦介绍重点项目、重点运动员时要稍加渲染，营造氛围，以提高运动员兴奋性，方便观众重点关注，为之加油喝彩。

⑧介绍运动员时运动员姓名的读音要准确无误。要核对泳道是否有人，如果发现有误时，不要广播，立即报告执行总裁处理。

（2）S15 组比赛开始前、S15 级运动员出发过程中，禁止媒体和观众使用闪光灯拍摄。在执行总裁授意下，也可通过广播请观众不要使用闪光灯。S15 组比赛可备有手语人员，或宣告员掌握简单手语，方便与 S15 级运动员交流沟通。

（3）S11~S13 级运动员出发过程中，需要观众保持安静，在执行总裁授意下，可通过广播请观众保持安静，直至运动员游过 15 米，以防止运动员把杂音错当出发信号或召回信号。

（4）熟悉并透彻理解世界残奥游泳委员会规则，做好优秀运动员的宣传鼓励及赛场气氛调动工作，并能恰当、合理、适时宣讲（既要宣告烘托，又不喧宾夺主）。

（5）每组比赛后，按电子公告板的确认屏宣布经执行总裁确认的正式成绩（自动计时当组宣布，人工计时隔组宣布）。

①项目预赛比赛结束，不宣告确认屏上的成绩，提示“该项比赛成绩正显示在成绩公告板上”。

②项目决赛比赛结束，看确认屏宣布名次成绩。

③对犯规的运动员（队），只宣布犯规泳道，不播报具体信息。

④有创超纪录时，先宣布创超纪录确认屏（纪录闪烁），再从第 1 名开始宣告成绩确认屏（纪录不闪烁，显示红色）。

⑤临近级别合组比赛时，分级别录取名次的比赛结束，等待分级别录取名次的确认屏，再分屏、分级别宣布正式成绩。

（6）宣布正式成绩后，在秩序单对应项目上记录宣告的时间，以备申诉时用。自动计时装置出该项成绩单时，有该项比赛的时间，而不是宣告成绩的时间。

（7）在一项预赛结束后电子公告板开始宣布该项决赛名单。对于采用 8 条泳道的比赛，决赛名单应宣布正式 8 人及替补 2 人。

（8）某项预赛结束后，如需重赛，则尽快宣布重赛名单。

（9）举行颁奖仪式时，与音响控制人员、体育展示组、执行总裁密切配合，协助配合颁奖组颁奖。

（10）未经执行总裁同意不得广播与比赛无关的任何事宜。

（11）为活跃赛场气氛，根据比赛情况，播放音乐。

（12）全场比赛结束，根据执行总裁的手势宣布本场比赛结束，裁判员退场。

（三）赛后工作

（1）赛后对赛中出现问题的处理及时进行回顾分析，完善细节，提高工作水平。

（2）与赛中配合的执行总裁、自动计时组和编排记录组沟通，力求达到默契配合。

（3）比赛结束，注意及时归还借用器材和提交本组工作总结。

参考文献

[1] 王若光，孙庆祝．“自卑与超越”——对残疾人体育价值的重新审视 [J]．中国残疾人，2007:54-55.

[2] 庄茂花．残疾人参与体育运动的心理健康状况分析 [J]．哈尔滨体育学院学报，2004,22(4):22-24.

[3] 卢雁．积极人生——残疾人健身锻炼 [M]．北京：北京体育大学出版社，2003.

[4] 徐本力．残疾人健身运动处方 [M]．福州：鹭江出版社，2000.

[5] 刘霞．浅谈体育对残疾人心理的影响 [J]．河南职工医学院学报，2008,20(3):273-275.

[6] 张迎松．体育运动与残疾人人格发展探析 [J]．中州大学学报，2007,24(3):96-98.

[7] 朱本浩．残疾人的心理特征 [J]．中国社区医师，2005,7(10):102-103.

[8] 张凤霞，王岗．论残疾人体育活动的目的、意义与特点 [J]．山西师大体育学院学报，2002, 17(1):11-19.

[9] 郭敏刚，吴雪，陈静．残疾人心理健康及其与体育锻炼关系研究 [J]．北京体育大学学报，2007, 30(2):189-191.

[10] 庄茂花．残疾人参与体育运动的心理健康状况分析 [J]．哈尔滨体育学院学报，2004,22(4):22-24.

[11] 姜振．残疾人体育特点的研究 [J]．吉林体育学院学报，2005,21(1):66-67.

[12] 张雨沂．我国残疾人体育自卑心理的研究 [J]．群体研究，2009,17(4):76-78.

[13] 黄世昌．残疾学生融合体育教育权法律保障比较研究 [J]．西安体育学院学报，2018(1):36-42.

[14] 诺瓦克．国际人权制度导论 [M]．柳华文，译．北京：北京大学出版社，2010.

[15] 王涛，侯晓晖．残障人体育社会支持系统的构建与应用 [J]．首都体育学院学报，2013(3):223-227.

[16] 刘洋．基于社会融合精神下的欧美残疾人体育立法特征研究 [J]．武汉体育学院学报，2014(6):56-60.

[17] 黄世昌. 美国残疾学生体育竞赛权保障及对我国的启示——基于麦克法登案的考察 [J]. 体育与科学, 2015(4):94-98.

[18] 曹烃, 曾建明, 王健. 美国特殊体育教育法律的基本精神与启示 [J]. 上海体育学院学报, 2013(2):1-6.

[19] 陈爱华, 陆海. 我国残疾人体育健身的法律保护研究 [J]. 西安体育学院学报, 2011, 28(3):279-282, 321.

[20] 郝晓岑. 中国大陆残疾人体育政策研究之变迁：从权利保障到权利救济 [J]. 中国特殊教育, 2010(9):38-42.

[21] 刘永风, 汤卫东, 何金. 论我国残疾人体育权利保障中的软法体系建设 [J]. 首都体育学院学报, 2010, 11(6):10-13.

[22] 刘永风, 何金, 汤卫东. 残疾人体育权利的发展与保障 [J]. 山东体育学院学报, 2008, 4(12):30-33.

[23] 吴明智. 论立法程序的公正性 [J]. 广西民族大学学报（哲学社会科学版）, 2006(2):53-54.

[24] 金筱萍. 论道德他律到自律的形成发展规律 [J]. 咸宁学院学报, 2007, 27(1):1-4.

[25] 邵 月, 刘鹏启. 美、英、日、中四国残疾学生体育权利保护的立法比较 [J]. 吉林体育学院学报, 2015, 6(3):82-84.

[26] 韩松, 李勇勤. 国际适应体育研究评述 [J]. 北京体育大学学报, 2008, 31(11):1448-1451.

[27] 刘永风, 汤卫东, 何金, 等. 我国残疾人体育权利研究 [J]. 体育文化导刊, 2010, 93(3):17-20.

[28] 高 晶, 胡静萍. 日本残疾人体育政策、法律的发展研究 [J]. 社会研究, 2014, 12(31):102-103.

[29] 黄亚茹, 中川一彦, 李红. 日本残疾人体育协会及其职能 [J]. 山东体育学院学报, 2007, 23(5):14-15.

[30] 孙金蓉. 日本残疾人体育活动动向初探 [J]. 体育成人教育学刊, 2004, 20(1):36-37.

[31] 韩君玲. 维护个人的尊严与日本障碍者福利法制 [J]. 河北法学, 2012(1):31-32.

[32] 君玲. 析日本障碍者福利立法的变迁过程及特点 [J]. 东岳论丛, 2011, 32(12):145-149.

[33] 张龙. 中日残疾人体育组织管理体系比较 [J]. 体育学刊, 2009, 16(4):34-36.

[34] 孟亚里, 伍胜福. 我国残疾人体育权利及保障策略研究 [J]. 体育文化导刊, 2013, 2(2):6-9.

[35] 江泽民．发扬民族精神和良好社会风尚，积极推进残疾人事业 [M]// 残疾人工作基本知识读本．北京：华夏出版社，2002.

[36] 于善旭．论公民体育权利的时代内涵 [J]．北京体育大学学报，1998, 21(4):10-13.

[37] 王涛，侯晓晖．残障人体育社会支持系统的构建与应用 [J]．首都体育学院学报，2013, 25(3):223-227.

[38] 刘永风，汤卫东，何金．对残疾人体育权利的研究 [J]．鸡西大学学报，2008, 8(5):144-146.

[39] 刘永风．新残疾人保障法中残疾人体育相关规定的不足及立法建议 [J]．体育科技文献通报，2011, 19(10):129-130.

[40] 李炜冰．无障碍环境建设中的政府责任 [J]．苏州大学学报（哲学社会科学版），2010(2):25-30.

[41] 顾定倩．对《义务教育法》有关特殊教育条款的分析 [J]．中国特殊教育，2007(5):9-11.

[42] 曹若愚．论残疾人权利的法律保护——以美国法为参考 [D]．济南：山东大学，2009.

[43] 刘会平．中英两国残疾人体育政策比较研究 [J]．浙江体育科学，2017, 11(6):31-34.

[44] 王磊，司虎克，张业安，等．以奥运战略引领大众体育发展的实践与启示——基于伦敦奥运会英国体育政策的思考 [J]．体育科学，2013, 33(6):23-30.

[45] 何甜甜．英国残疾人社会福利体系的人本理念研究 [D]．武汉：华中科技大学，2013.

[46] 邱卓英．《国际功能、残疾和健康分类》在残疾人体育中的应用 [J]．中国康复理论与实践，2004, 10(12):787-789.

[47] 邱卓英．《国际功能、残疾和健康分类》研究总论 [J]．中国康复理论与实践，2003, 9(1):2-4.

[48] 兰馨，刘兰．传媒对残疾人体育的报道取向研究 [J]．首都体育学院学报，2007, 9(19):13-15.

[49] 耿林．和谐社会中的残疾人体育事业 [J]．中国残疾人，2006(6):23-26.

[50] 周芳．我国残疾人体育发展现状及影响因素分析 [J]．浙江体育科学，2005(2):13-15.

[51] 王洲．论新时期加速发展我国残疾人体育事业 [J]．山西师大体育学院学报，2006(3):17-19.

[52] 陈学东．从残奥会成绩分析我国残疾人竞技体育发展阶段和发展特点 [J]．浙江

体育科学，2015，3(3)：17-19.

[53] 郭卫，贾勇，谭涌．残疾人体育 [M]．北京：北京体育大学出版社，2007.

[54] 中国残疾人体育协会．中国残疾人体育发展概览 [M]．北京：华夏出版社，2006.

[55] 杨俊涛．我国残疾人竞技体育发展回顾与展望 [J]．体育世界，2011(1)：74-76.

[56] 赵金峰．由北京残奥会看我国残疾人体育的发展 [J]．吉林体育学院学报，2010(1)：18-19.

[57] 金梅，陈适晖．我国残疾人竞技体育发展现状及对策研究 [J]．天津体育学院学报，2006(5)：433-435.

[58] 冯萌．改革开放以来我国残疾人体育发展回眸 [J]．体育文化导刊，2006(7)：14-16.

[59] 石鸿烈．云南省残疾人竞技体育的现状与发展 [J]．昆明师范高等专科学校学报，2004，26(4)：110-113.

[60] 沈波．上海市残疾人竞技体育的现状及影响因素 [J]．南京体育学院学报，1996，26(6)：1-3.

[61] 云南省残疾人联合会．2003 年云南省残疾人联合会残疾人体育比赛成绩统计 [EB/OL]．http://www.cl.yn.gov.cn/，2004-08-16.

[62] 杨军，何华岗，阎建．华北京残奥会对中国特殊学校体育发展的影响 [J]．体育文化导刊，2009(1)：152-154.

[63] 张秀玲，魏建波．特殊教育学校体育研究现状综述 [J]．体育科技文献通报，2007，11(11)：42-43.

[64] 庞立国．高等院校应加强残疾学生特殊体育教育 [J]．社会福利，2006(6)：50-51.

[65] 吴春玉．韩国特殊教育现状研究 [J]．中国特殊教育，2003(4)：76-77.

[66] 吴燕丹．生命关怀视野下我国大学特殊体育教育的研究现状与展望 [J]．体育科学，2006，26(2)：64-69.

[67] 吴燕丹．北京残奥会对中国残疾人体育的影响 [J]．武汉体育学院学报，2007，41(7)：33-34.

[68] 王雁，姚萍，王冉冉，等．残疾人运动员的特点与需求分析 [J]．中国特殊教育，2007，9(87)：6-10.

[69] 漆昌柱，金梅．残疾人运动员的特质焦虑与竞赛状态焦虑研究 [J]．体育科学，2005(3)：16-18.

[70] 国英男，关吉臣，闫闯．邓朴方与我国残疾人体育事业的发展 [J]．体育文化导刊，2013，10(10)：1-3.

[71] 李建军．人道主义的和谐之光——庆祝中国康复研究中心成立 20 周年 [J]. 中国康复理论与实践，2008, 14(10):901-902.

[72] 朝着举办一届最出色奥运会目标大步迈进 [N]. 北京日报，2004-01-16.

[73] 邓朴方．视察残疾人体育训练基地 [N]. 华夏日报，2007-07-30.

[74] 奚天明．和谐社会视角下残疾人体育发展的社会学分析 [J]. 成都体育学院学报，2008, 5(34):24-27.

[75] 赵行良．中国残疾人社会保障问题研究 [J]. 上海社会科学院学术季刊，1998(1):21-22.

[76] 王广虎．弱势群体参与全民健身的现状调查与对策研究 [M]. 成都：四川大学出版社，2005.

[77] 张敏杰．中国弱势群体研究 [M]. 长春：长春出版社，2003.

[78] 朱建伟，蔡祥．论残疾人体育活动的意义 [J]. 上海体育学院学报，2003, 27(6):26-27.

[79] 熊斗寅．参加比取胜更重要——试论残疾人体育与残奥会 [J]. 特殊教育杂志学刊，2004, 11(25):35-39.

[80] 邓朴方．一项影响深远的社会文明工程——祝第六届远南残疾人运动会胜利举行 [J]. 求是，1994(17):21-24.

[81] 再现自强不息的民族精神——邓朴方谈 " 远南 " 运动会 [J]. 党建，1994(9):24-25.

[82] 覃兴耀，顾渊彦．再论残疾人体育的意义 [J]. 体育文化导刊，2008(1):78-80..

[83] 宋玉芬．残障人体育的社会文化意义 [J]. 西安体育学院学报，2003(2):11-12.

[84] 李力研．历史进步的精神杠杆 [J]. 浙江体育科学，2000(4):55-56.

[85] 王东敏．“十二五”期间残疾人体育研究动态：中国残疾人体育研究现状和未来的思考 [J]. 运动，2011. 10(28):153-156.

[86] 中国残疾人体育协会．残疾人体育研究 [M]. 北京：北京体育大学出版社，2004.

[87] 第二次全国残疾人抽样调查办公室．第二次全国残疾人抽样调查主要数据手册 [M]. 北京：华夏出版社，2007.

[88] 张蕾．中国残疾人口变化趋势预测研究 [D]. 北京：北京大学，2007.

[89] 李骁颖．1990—2014 年我国残疾人体育科研计量统计与分析 [J]. 福建体育科技，2015, 12(34):10-13.

[90] 吴雪萍，金昌龙，周李莉，我国特殊体育教师专业化内涵探析 [J]. 上海体育学院学报，2005, 29(3):72-75.

[91] 靳秀兰. 2000—2012 年中国残疾人体育研究情况分析 [J]. 河南师范大学学报（自

然科学版），2013，5（41）：171-174.

［92］ 卢雁，韩松，李伟一．我国残疾人体育管理组织结构之研究［J］．北京体育大学学报，2004，27（12）：1698-1700.

［93］ 郭敏刚．残疾人心理健康及其与体育锻炼关系研究［J］．北京体育大学学报，2007（2）：189.

［94］ 李艳．残疾人参与体育运动的状况与心理效益［J］．西安体育学院学报，2000（12）：44-45.

［95］ 程传银．江苏省残疾人竞技体育发展的成功经验及其启示［J］．北京体育大学学报，2007（7）：1007-1008.

［96］ 戴昕．我国残疾人体育发展研究［J］．体育文化导刊，2010（10）：24-25.

［97］ 李之俊．我国城市残疾人健身体育锻炼的现状与对策［J］．上海体育科研，2003（1）：14-15.

［98］ 李荀．残疾人体育研究述评［J］．南方论刊，2006，12：60-62.

［99］ 体育成就人生 云南省残疾人体育辉煌30年（1984-2014）［M］．昆明：云南省残联宣文处，2016.

［100］ 魏杭庆．残疾人康复过程中的健身活动现状调查［J］．中国临床康复，2004，8（18）：3604-3605.

［101］ 俞继英．残疾人健身［M］．北京：人民体育出版社，1997.

［102］ 残疾人体育研究——首届全国残疾人体育科学学术会议论文选编［C］．北京：北京体育大学出版社，2004.

［103］ 周丽红，李实，周红炜．近20年我国残疾人体育领域研究文献的计量分析［J］．惠州学院学报（自然科学版），2009，6（29）：94-97.

［104］ 卢玲．近年来我国特殊体育研究的综述［J］．成都体育学院学报，2005，31（2）：39-42.

［105］ 王军．论我国社区体育中残疾人健身模式的构建依据和途径［J］．西安体育学院学报， 2005，22（3）：16-18.

［106］ 齐超．近十年我国残疾人体育研究回顾及发展展望［J］．中国特殊教育，2012，2（140）：12-17.

［107］ 唐银春，李艳，谢培．和谐理念下的残疾人体育的价值定位［J］．景德镇高专学报，2009，24（2）：56-57.

［108］ 马志云，张佳，苏丽娜，等．关注民生视域下我国残疾人体育生活的现状与发展［J］．成都体育学院学报，2009，35（4）：22-25.

［109］ 于文谦，徐小青．我国特殊教育学校体育发展现状及对其人文关怀诉求［J］.

浙江体育科学，2009(5):75-77.

[110] 何涛，廖杰华．每个孩子都有专门的教学计划——英国的残疾人教育 [J]. 教师博览，2007(10):51-52.

[111] 郝海亭．澳大利亚残疾人体育与休闲活动参与现状 [J]. 中外群众体育信息，2007(1):36.

[112] 风栓．香港康复计划积极推动残疾人参与体育、艺术和社交康乐活动 [J]. 社会福利，2006(1):58-59.

[113] 崔丽丽．我国残疾人体育中的机会平等问题分析 [J]. 山东师范大学学报（自然科学版），2009, 24(1):156-158.

[114] 郝晓岑．残疾人群众体育发展中社会排斥与社会责任的博弈分析 [J]. 体育成人教育学刊，2009, 25(6):13-15.

[115] 郝晓岑．改革开放 30 年中国残疾人体育法制建设回顾与对策研究 [J]. 中国特殊教育，2008(10):50-54.

[116] 闫挺，毛志雄，连文杰．运动心理学在残疾人体育领域中的应用研究综述 [J]. 体育学刊，2007(7):119-124.

[117] 郑兆云．我国残疾人体育研究综述 [J]. 运动，2010, 4(8):139-141.

[118] 王维，王健．我国城市残疾人体育生活方式调查 [J]. 武汉体育学院学报，2006, 40(3):14-16.

[119] 黄勇，毋江波，游松辉，等．中国残疾人体育研究进展 [J]. 体育科研，2010, 31(6):71-73.

[120] 朱丽琼，朱少文．残疾人体育的价值功能及实现理径论析 [J]. 中国医学伦理学，2008, 21(2):123-124.

[121] 张军献，谈卿．近二十年来我国残疾人体育研究述评 [J]. 成都体育学院学报，2007, 33(2):104-108.

[122] 陈小平．德国的力量训练研究 [J]. 体育论坛，2002(12):5.

[123] 温宇红，肖龙．对高水平游泳运动员耐力素质的评价和耐力训练手段的研究 [J]. 成都体育学院学报，2005, 2(31):91-94.

[124] CONCONI F, FERRARI M, ZIGLIO P G, et al. Determination of the anaerobic threshold by a noninvasive field test in runners[J]. Journal of Applied Physiology, 1982, 52(4):869-873.

[125] GULLSTRAND L, LAWRENCE S. Heart rate and bolld lactate response to short intermittent work at race pace in highly trained swimmers[J]. Australian Journal of Science and Medicine in Sport, 1987, 19(1):10-14.

[126] MATHEWS D K,FOX E L.The Physiological Basis of Physical Education and Athletics[M]. Philadelphia:Saunders,1976.

[127] 宋琦勍，封旭华，仰红慧．核心肌群训练在游泳训练中的应用 [J]. 医用生物力学，2009,6(24):234-236.

[128] 林洪，于仙贵，程燕．我国优秀游泳运动员出发技术辅助训练的研究 [J]. 体育科学，1998, 18(4):53-56.

[129]BLANKSBY B,NICHOLSON L,ELLIOTT B. Biomechanical analysis of the grab, track and handle swimming starts: An intervention study[J].Sports Biomechanics,2002,1(1):11-25.

[130] 陆一帆，方子龙，张亚东．游泳运动科学训练与监控 [M]. 北京：北京体育大学出版社， 2007.

[131] 康西曼．美国游泳技术和训练 [M]. 北京：人民体育出版社， 1975.

[132] 科斯蒂尔，马格利索，理查德森．游泳（运动医学与科学手册）[M]. 温宇红，译．北京：人民体育出版社，2002.

[133] 程燕，许琦．游泳运动训练科学化理论及方法的研究 [M]. 北京：人民体育出版社， 2006.

[134] 李少丹．竞技体育的核心训练 [J]. 中国体育，2002(6):4-6.

[135] 吴丙梁．游泳专项速度训练方法游泳 [J]. 体育科研，1992(S1):62-75.

[136] 梅雪雄，贾玉瑞．形态、素质对短距离自由泳划频、划幅的影响 [J]. 体育科学，1989(4):21-24.

[137] 梅雪雄．我国男子中、短距离自由泳最佳频率初探 [J]. 体育科学，1991(2):32-35.

[138] 赵燕潮．中国残联发布我国最新残疾人口数据 全国残疾人口逾 8500 万 [J]. 中国残疾人，2012(4):20.

[139] 闫琪．中美两国体能训练发展现状和趋势 [J]. 体育科研，2011,5(31):37-39.

[140] BAECHLE T R,EARLE R W. 体能训练指导 [M]. 杨则宜，译．北京：备战 2008 年奥运会科技专家组，2007.

[141] 尔勒，巴驰勒．美国国家体能协会私人教练基础 [M]. 陈方灿，译．上海：文汇出版社，2005.

[142] 陈小平．力量训练的发展动向 [J]. 体育科学，2004,24(9):36-40.

[143] 刘爱杰，李少丹．我国运动训练方法创新的思考 [J]. 中国体育教练员，2007(3):4-7.

[144] 陈小平，刘爱杰．我国竞技体育奥运基础大项训练实践的若干理论思考 [J]. 体

育科学,2009,29(2):8-14.

[145] 王卫星．运动员体能训练新进展——核心力量训练[J]. 中国体育教练员,2009(4):18-19.

[146] 格兰瑟姆．体能训练圣经[M]. 王晔，译．北京：人民邮电出版社,2017.

[147] 许琦．现代游泳训练方法[M]. 北京：北京体育大学出版社,2007.

[148] 埃尔斯沃思．核心训练[M]. 张可盈，译．北京：人民邮电出版社,2017.

[149] 鲍伊尔．体育运动中的功能性训练[M]. 张丹玥，译.2 版．北京：人民邮电出版社,2017.

[150] 萨罗．游泳专项体能训练[M]. 闫琦，译．北京：北京体育大学出版社,2010.

[151] 季浏．体育锻炼与心理健康[M]. 上海：华东师范大学出版社,2006.

[152] 欧云海，张莉斌．残疾人体育[M]. 北京：北京师范大学出版社,2017.

[153]MAGLISCHO E W. 游得最快——游泳技术、训练及计划设计宝典[M]. 温宇红，译．北京：北京体育大学出版社,2016.

[154] 吉村丰，高桥雄介．游泳技巧图解[M]. 李香，译．北京：北京体育大学出版社,1999.

[155] 中国残疾人联合会．拼搏人生——记优秀残奥运动员[M]. 北京：华夏出版社,2016.

[156] 中国游泳协会游泳裁判委员会．游泳竞赛组织与裁判方法[M]. 北京：人民体育出版社,2015.